Jacob Ward

Las Raíces de la Brujería
Una Exploración de la Magia Ancestral

Copyright © 2023 por Luiz Santos
Todos los derechos reservados.
Ninguna parte de este libro puede ser reproducida en ninguna forma ni por ningún medio sin el permiso por escrito del titular de los derechos de autor.
Imagen de portada © booklas.com
Revisión por Armando Vellaz
Diseño gráfico por Amadeu Brumm
Maquetación por Matheus Costa
Todos los derechos reservados a:
Luiz A. Santos
Categoría: Wicca

Sumário

Prólogo 6
Capítulo 1 Camino Natural 9
Capítulo 2 Brujería Moderna 14
Capítulo 3 Principios Sagrados 19
Capítulo 4 Aspectos Divinos... 24
Capítulo 5 Cuerpo Energético 29
Capítulo 6 Mente Mágica.. 34
Capítulo 7 Respiración Sagrada 39
Capítulo 8 Estados Alterados 44
Capítulo 9 Elección Ritual 49
Capítulo 10 Consagración Mágica................................ 54
Capítulo 11 Altar Vivo.. 58
Capítulo 12 Arsenal Mágico 62
Capítulo 13 Lenguaje Verde 67
Capítulo 14 Espíritus Minerales.................................... 71
Capítulo 15 Aliados Animales 76
Capítulo 16 Elementales Naturales............................... 80
Capítulo 17 Tiempo Sagrado 84
Capítulo 18 Ritmo Lunar 88
Capítulo 19 Fuerza Solar... 93
Capítulo 20 Mareas Mágicas... 97
Capítulo 21 Círculo Sagrado....................................... 101
Capítulo 22 Invocaciones Divinas 105
Capítulo 23 Ofrendas Rituales 109

Capítulo 24 Gestos Mágicos 113
Capítulo 25 Ritos Primaverales.. 117
Capítulo 26 Rituales Estivales 122
Capítulo 27 Ceremonias Otoñales... 126
Capítulo 28 Misterios Invernales 131
Capítulo 29 Magia Verde... 136
Capítulo 30 Magia de las Piedras.. 141
Capítulo 31 Magia de los Símbolos 145
Capítulo 32 Magia de los Sueños 149
Capítulo 33 Videncia Natural 154
Capítulo 34 Oráculos Elementales.. 158
Capítulo 35 Lenguaje Simbólico.. 162
Capítulo 36 Augurios Naturales... 167
Capítulo 37 Tejido Mágico 171
Capítulo 38 Magia Planetaria.. 175
Capítulo 39 Portal Dimensional... 179
Capítulo 40 Transmutación Energética..................................... 183
Capítulo 41 Aspectos Sombríos 187
Capítulo 42 Muerte y Renacimiento 191
Capítulo 43 Karma y Destino... 195
Capítulo 44 Reinos Invisibles 199
Capítulo 45 Iniciación Mística.. 203
Capítulo 46 Desarrollo Psíquico 207
Capítulo 47 Sanación Energética 212
Capítulo 48 Formación Sacerdotal.. 217
Capítulo 49 Liderazgo Ritual... 222
Capítulo 50 Enseñanza Sagrada... 227

Capítulo 51 Legado Wiccano 232
Epílogo 237

Prólogo

Existe una sabiduría antigua que persiste en susurros a través de la tierra, contada en el vuelo de las aves, en el sonido del agua y en la brisa que acaricia los árboles. Esta sabiduría, aunque muchas veces sepultada por el polvo de los siglos y el ruido de la civilización moderna, espera a aquellos que se atreven a redescubrirla. En este libro, estás a punto de cruzar un portal invisible, uno que te reconectará con las verdades escondidas en las raíces del mundo natural, aquellas que nutren tanto el suelo como el alma humana. No se trata de simple curiosidad; es un llamado, una invitación casi silenciosa, que solo escuchan aquellos preparados para despertar.

Este camino que estás a punto de recorrer no es simplemente una inmersión en conocimientos arcanos o un viaje hacia los orígenes de la brujería. Representa la reconciliación entre lo humano y lo divino, entre el cuerpo y el espíritu, y entre la mente y los secretos cósmicos. Hay algo más profundo en la Wicca, en la brujería, que las imágenes populares y los estereotipos superficiales que circulan desde hace generaciones. Las historias contenidas aquí desvelan prácticas que honran la tierra, celebran los ciclos naturales y reconocen a cada ser como una manifestación sagrada.

La lectura que estás a punto de comenzar no es solo una serie de textos; es una invitación para que te conviertas en parte de una antigua tradición que respeta la esencia de todas las cosas vivas. Al comprender la Wicca, la práctica wiccana va más allá de los rituales y las palabras; es una forma de estar en el mundo, donde cada paso y cada acción son considerados una expresión de la voluntad del universo. En las palabras que siguen, cada enseñanza te abrirá nuevas capas de comprensión sobre tu propio ser y, al mismo tiempo, sobre la totalidad de todo lo que te rodea.

Así como las raíces sostienen el árbol y absorben nutrientes de la tierra para mantenerlo vivo, la práctica que encontrarás en este libro enseña el arte de nutrirse de la propia esencia del universo. La Wicca, revelada aquí, guía al practicante hacia la comprensión de que es una parte indisoluble de una vasta red cósmica, donde el cielo, la tierra, el fuego y las aguas son expresiones de la misma energía divina que mueve el cosmos. Al seguir las prácticas descritas, no solo aprenderás a escuchar el susurro del viento o a leer el movimiento de las olas, sino a reconocer cada elemento como una parte de ti.

A diferencia de las promesas de comprensión rápida que abundan en las visiones contemporáneas de la espiritualidad, este camino exige respeto y atención. A medida que avances, cada página te guiará más profundamente hacia una comprensión de tu papel en la naturaleza. Cada capítulo revelará misterios que, lejos de ser triviales, traerán preguntas esenciales que resonarán en tu alma. ¿Cuál es el propósito de tu existencia? ¿Cómo tus acciones y pensamientos impactan al gran todo? Y, sobre todo, ¿cómo puedes vivir en armonía con el ciclo infinito de nacimiento, crecimiento, muerte y renovación?

La práctica wiccana, revelada aquí en sus raíces ancestrales, te conducirá no solo a una comprensión teórica, sino a una experiencia profunda, en la que lo sagrado se incorpora en la vida cotidiana. Los elementos descritos en cada rito y enseñanza son partes integradas de un todo, y cada ritual conduce al practicante a una conexión directa con las fuerzas naturales. Imagina que, a lo largo de esta lectura, despertarás una visión más amplia de todo lo que es y siempre ha sido.

Lejos de promesas de poder vacío o dominio, la verdadera brujería Wicca se revela como un compromiso con la armonía y la humildad. Cada enseñanza está destinada a que abraces lo sagrado que existe a tu alrededor y, al mismo tiempo, reconozcas lo que habita dentro de ti. Este libro, por su parte, será como un guía silencioso que te llevará, página a página, al despertar de una conciencia nueva y, al mismo tiempo, ancestral. En él, la magia no es algo ajeno, sino el reflejo de la propia esencia humana; es una ciencia sutil que vive en la naturaleza y en la armonía con el todo.

Al finalizar esta obra, no serás el mismo. Este libro ofrece, antes que nada, un espejo. Un reflejo de ti mismo, de tus posibilidades y del vasto misterio que te rodea. Siéntete en casa en las páginas que seguirán, porque, al leer, serás llevado de regreso a tus propias raíces. Este es el momento en que se te invita a reconocer que el camino natural, tan bien guardado por los siglos, es tuyo, tan tuyo como tu propio respirar.

Entonces, sigue adelante. Abre las puertas de la percepción y permite que lo sagrado y lo oculto te sea revelado, porque en este libro reposa no solo el conocimiento, sino el llamado a una nueva forma de ver, sentir y vivir.

Capítulo 1
Camino Natural

Desde tiempos inmemoriales, la humanidad ha sentido una conexión profunda y misteriosa con la naturaleza. Antes de que surgieran las grandes ciudades y los avances tecnológicos, el ser humano vivía en completa comunión con la tierra, observando los cambios de estación, celebrando el retorno del sol tras el invierno y encontrando consuelo en la constancia de los ciclos naturales. La Wicca, en su esencia, es un renacimiento de esta relación ancestral, un camino que invita a redescubrir lo sagrado en cada rincón del mundo natural, desde las cumbres de las montañas hasta las raíces ocultas de los árboles. Es una espiritualidad que trasciende la mera observancia de rituales y creencias, y que convierte la vida misma en una danza armoniosa con el universo.

La Wicca, tal como se conoce en la actualidad, es un movimiento contemporáneo, pero profundamente anclado en el legado de los antiguos cultos de la tierra. Aunque su codificación moderna comenzó en el siglo XX, especialmente bajo la influencia de figuras como Gerald Gardner, su espíritu refleja prácticas mucho más antiguas, aquellas que honraban a la naturaleza como el aspecto visible de una realidad espiritual inmanente. En este sentido, la Wicca no es solo una religión; es un camino de autoconocimiento y expansión espiritual, un viaje hacia el entendimiento de que todos los seres estamos conectados y de que cada piedra, planta y criatura es una expresión del mismo misterio divino que impulsa el cosmos.

El primer paso en el sendero wiccano es reconocer a la naturaleza como un templo sagrado. Este concepto, aunque simple, invita a una transformación de la percepción. Al caminar en la Wicca, el practicante aprende a ver el mundo con otros ojos, reconociendo en cada elemento de la naturaleza un símbolo de la divinidad y de la energía que sustenta toda vida. El viento, que susurra entre las ramas, es un mensaje de los espíritus del aire; el agua, que fluye serenamente en los ríos, representa la fluidez de la vida misma; el fuego, con su calor y su luz, es la chispa de la creación; y la tierra, sólida y fértil, es la madre que nos sostiene. Estos elementos no son solo recursos, sino manifestaciones de fuerzas espirituales que están presentes en todo lo que existe.

Para los wiccanos, cada elemento del mundo natural está impregnado de energía y de vida. La creencia en la immanencia divina, que sugiere que la divinidad habita dentro de la naturaleza y no fuera de ella, es fundamental en esta visión. No hay separación entre el mundo físico y el espiritual; más bien, ambos se entrelazan, como los hilos de un tapiz infinito. Al abrazar esta perspectiva, el practicante de la Wicca aprende a respetar y venerar a cada ser como una expresión de la divinidad, y a entender que cada acto, por pequeño que sea, tiene un impacto en esta red sagrada.

La reverencia por la naturaleza en la Wicca no es solo un ideal abstracto, sino una práctica que se traduce en una serie de acciones y elecciones diarias. El cuidado de los animales, la preservación de los ecosistemas y el uso responsable de los recursos naturales se convierten en actos de devoción. En el contexto wiccano, el daño al medio ambiente es considerado como una herida en el propio cuerpo espiritual del practicante, pues se reconoce que la salud de la tierra y la del individuo están intrínsecamente conectadas. Esta espiritualidad ecológica impulsa al wiccano a actuar con responsabilidad, sabiendo que cada árbol talado, cada río contaminado y cada especie extinta representan una pérdida en el gran tejido de la vida.

Al practicar la Wicca, uno se convierte en un guardián de la naturaleza. La misión del wiccano no es simplemente proteger el medio ambiente por razones pragmáticas o éticas, sino porque ve en la tierra una entidad sagrada que merece ser honrada y preservada. Esta actitud de respeto se extiende a todas las formas de vida, desde las criaturas más grandes hasta los organismos más pequeños. Cada uno tiene un papel en el equilibrio natural, y el wiccano aprende a vivir en armonía con este equilibrio, a convertirse en una fuerza positiva que contribuye a la salud y al bienestar del planeta.

La observancia de los ciclos naturales es otro aspecto esencial en la práctica wiccana. A través de la celebración de los solsticios, los equinoccios y otras festividades estacionales, el practicante sincroniza su vida con los ritmos de la naturaleza. Estos momentos sagrados representan los puntos de inflexión en el flujo de la energía del mundo, y al participar en ellos, el wiccano se conecta con la misma fuerza que mueve las estaciones y hace florecer los campos en primavera. Esta sintonización con los ciclos naturales permite al practicante vivir de una manera más equilibrada, encontrando una armonía interna que refleja la armonía de la naturaleza.

El vínculo del wiccano con la naturaleza se profundiza a medida que aprende a percibir la energía sutil que fluye a través de todo lo que le rodea. Esta energía, conocida en muchas culturas como "prana", "chi" o "mana", es la fuerza vital que anima a todos los seres y conecta a todos los elementos del universo. Los wiccanos desarrollan la habilidad de sentir esta energía, de trabajar con ella y de respetarla como un aspecto sagrado de la vida. Este sentido de conexión energética es fundamental en la práctica de la Wicca, pues enseña que no solo estamos rodeados por la naturaleza, sino que somos parte integral de ella.

El concepto de "camino natural" en la Wicca también implica un compromiso con la verdad interior. Al igual que los árboles crecen hacia la luz sin vacilar, el wiccano aprende a buscar su propia verdad y a vivir de acuerdo con ella, libre de máscaras y falsas apariencias. La naturaleza no conoce de pretensiones; cada ser, desde la flor más sencilla hasta el bosque más antiguo, expresa su esencia sin reservas. Este ejemplo inspira al practicante a abrazar su propia autenticidad, a crecer y florecer en armonía con su verdadera esencia. Esta búsqueda de la autenticidad es un proceso continuo, un viaje que se va desarrollando a lo largo de la vida y que invita a cada persona a descubrir su propósito y su lugar en el mundo.

En la Wicca, la relación con la naturaleza también se manifiesta en la creación de espacios sagrados al aire libre. Muchas ceremonias y rituales wiccanos se llevan a cabo en la naturaleza, en lugares donde la energía de la tierra se siente de manera palpable. Los bosques, las montañas y las orillas de los ríos se convierten en altares naturales donde el practicante puede honrar a la divinidad sin necesidad de estructuras materiales. Estos espacios sagrados son portales hacia la conexión espiritual, lugares donde se puede sentir la presencia de los elementos y de los espíritus de la naturaleza. A través de estos rituales, el wiccano se alinea con las fuerzas naturales y se sumerge en la corriente de energía que fluye a través de todas las cosas.

La Wicca invita al practicante a desarrollar una visión más profunda y contemplativa de la vida. En un mundo que a menudo valora la velocidad y la productividad por encima de la introspección, la Wicca recuerda la importancia de detenerse, de escuchar y de observar. La naturaleza es una maestra paciente que revela sus secretos solo a aquellos que se toman el tiempo de prestarle atención. A través de la observación de los ciclos naturales, el wiccano aprende lecciones de vida que no pueden encontrarse en los libros, sino solo en la experiencia directa. Los cambios de estación, el crecimiento de las plantas, el comportamiento de los animales y los patrones del clima son reflejos de los propios ciclos internos del ser humano, enseñando al practicante sobre los procesos de crecimiento, transformación y renovación.

La práctica wiccana enseña que el propósito de la vida no es dominar la naturaleza, sino colaborar con ella. En lugar de intentar someter a los elementos, el wiccano se esfuerza por entender sus leyes y vivir en armonía con ellas. Esta actitud de humildad y respeto es fundamental en la Wicca, y se refleja en todas las prácticas y rituales que componen esta espiritualidad. La naturaleza no es un recurso para ser explotado, sino un misterio sagrado para ser honrado. Al caminar por este sendero, el practicante se convierte en un aliado de la tierra, en un guardián de los secretos de la vida y en un protector de la belleza y el equilibrio que nos rodea.

La Wicca, en su esencia, es una celebración de la vida, una afirmación de que cada ser, cada planta y cada piedra tienen un propósito y un lugar en el gran ciclo de la existencia. Este camino no promete respuestas rápidas ni recompensas inmediatas; más bien, invita a una exploración profunda y a una conexión sincera con el corazón del mundo. Para el wiccano, la espiritualidad no es un conjunto de creencias o prácticas externas, sino una forma de vida, una actitud de respeto y reverencia hacia el milagro de la existencia. En este sentido, la Wicca es más que un camino espiritual; es una forma de ser, una invitación a redescubrir la magia que yace en cada rincón del mundo y en cada latido de nuestro propio corazón.

Capítulo 2
Brujería Moderna

En las sombras de la historia, la palabra "brujería" ha evocado temor, misterio y un conocimiento prohibido. Durante siglos, la figura de la bruja estuvo asociada con el oculto saber de plantas y pociones, con la habilidad de invocar fuerzas invisibles y de percibir lo que otros no podían ver. Pero más allá de estos temores y estereotipos, la práctica de la brujería en el contexto de la Wicca moderna presenta una realidad muy distinta: una senda de autoconocimiento y respeto por los misterios de la naturaleza.

La Wicca es una forma de brujería moderna que se ha vuelto accesible y abierta, permitiendo a los practicantes desarrollar su espiritualidad sin necesidad de secretos oscuros ni supersticiones. Su nacimiento como corriente espiritual tiene sus raíces en las décadas de 1940 y 1950, cuando Gerald Gardner, un antropólogo británico fascinado por los antiguos ritos y prácticas paganas, fundó lo que se considera la primera corriente moderna de la Wicca. Con él, esta nueva forma de brujería se consolidó como una religión organizada, aunque libre de dogmas estrictos y anclada en la naturaleza y en la experiencia personal. Gardner combinó rituales, símbolos y creencias antiguas, fusionándolos con su visión de una brujería que podía ser vivida sin temores ni persecuciones, en armonía con la ética y el respeto hacia el mundo natural.

En comparación con otros caminos de brujería y esoterismo, la Wicca se caracteriza por su enfoque en la dualidad divina, en la veneración tanto de la Diosa como del Dios. Los wiccanos honran estas energías duales como representaciones de la creación, el equilibrio y el flujo cíclico de la vida y la muerte.

La brujería wiccana, por lo tanto, no se centra en el poder por el poder mismo, ni en la manipulación de fuerzas para obtener resultados egoístas. En cambio, es una práctica de autoconocimiento, de equilibrio y de respeto hacia todas las formas de vida. En la Wicca, los actos mágicos y rituales se realizan en sintonía con la ética del "Haz lo que quieras, mientras no dañes a nadie", una premisa que busca armonizar el poder personal con el bienestar de los demás y de la naturaleza.

A diferencia de otras formas de brujería popular y de tradiciones mágicas más antiguas, la Wicca moderna promueve un acercamiento accesible a los misterios. Los practicantes no necesitan tener linajes o iniciaciones familiares para poder participar en los ritos y celebraciones. La magia, en este contexto, no es una herramienta secreta reservada para unos pocos, sino una habilidad y una sensibilidad que todos pueden aprender y desarrollar. Los wiccanos creen que cada persona posee en su interior una chispa de poder, una conexión intrínseca con el mundo natural que puede despertar a través de la práctica y la dedicación. La Wicca, en este sentido, ha democratizado la brujería, permitiendo que aquellos que sienten el llamado de lo sagrado puedan explorar y cultivar su propia conexión con el misterio y la magia.

En la brujería wiccana, la magia no es algo sobrenatural o ajeno a la vida cotidiana. Los practicantes entienden la magia como una extensión natural de las fuerzas de la naturaleza y de la mente humana, una forma de interactuar conscientemente con las energías que ya existen en el mundo. La magia wiccana se centra en el uso de la intención, la concentración y la visualización para afectar positivamente la realidad. No se trata de manipular o de dominar las fuerzas, sino de colaborar con ellas, de comprender sus flujos y de alinear los propios deseos y pensamientos con el ritmo natural de la existencia. Los hechizos y rituales wiccanos son, en esencia, una forma de sintonizarse con los ciclos de la vida y de la tierra, de permitir que la voluntad personal fluya en armonía con la corriente de energía que impulsa el cosmos.

La Wicca se distingue, además, por su enfoque en la celebración de los ciclos naturales y los cambios estacionales, conocidos como la Rueda del Año. A través de la observación y el ritual de los solsticios, equinoccios y festividades intermedias, los wiccanos sincronizan su práctica con los cambios de la naturaleza, en un intento de vivir en armonía con los ritmos del planeta. Este ciclo de celebraciones, más que una serie de rituales, es una práctica espiritual que permite al practicante alinear su vida con las fases de crecimiento, maduración y descanso que la tierra misma experimenta. En la Rueda del Año, los wiccanos encuentran un reflejo de sus propios procesos internos, y los festivales estacionales ofrecen un momento para contemplar los logros, los desafíos y las transformaciones personales que han tenido lugar a lo largo del tiempo.

Para los wiccanos, la ética en la práctica de la magia es fundamental. La brujería en este contexto no se realiza sin una profunda reflexión sobre las consecuencias y el propósito de cada acto mágico. El uso de la magia para el beneficio personal no está prohibido, pero siempre se lleva a cabo con el entendimiento de que todo lo que uno envía al mundo regresará, en algún momento, a su fuente. Este concepto, conocido como la "Ley del Tres", afirma que las energías que uno proyecta, sean positivas o negativas, volverán triplicadas al practicante. Esta ley no es un castigo ni una amenaza, sino una guía para actuar con responsabilidad y para recordar que el universo es un equilibrio en el cual cada acto tiene sus repercusiones. La brujería wiccana, por lo tanto, se practica con humildad y con respeto, reconociendo que cada hechizo y cada ritual son parte de un todo mayor.

El uso de herramientas y símbolos es otra característica que distingue a la brujería wiccana de otras prácticas esotéricas. Los wiccanos utilizan objetos sagrados, como el athame (un cuchillo ceremonial), el cáliz, el pentáculo y la varita, para canalizar y enfocar su energía durante los rituales. Cada herramienta representa un aspecto del universo y de la propia psique del practicante, y su uso se convierte en un recordatorio de que la magia es tanto un trabajo interno como una interacción con las fuerzas externas. Sin embargo, el valor de estas herramientas no radica en su poder intrínseco, sino en el significado que el practicante les otorga y en la intención con la que se utilizan. A través de estos objetos, los wiccanos logran materializar sus deseos y proyectar su voluntad en el mundo, siempre en armonía con los principios de la naturaleza y del respeto mutuo.

A lo largo de los años, la Wicca ha evolucionado y se ha diversificado, dando lugar a distintas tradiciones y ramas, cada una con sus propios enfoques y prácticas. Entre las más conocidas se encuentran la Wicca Gardneriana y la Wicca Alejandrina, que siguen una estructura ritual más formal, y otras corrientes más eclécticas, que permiten una mayor flexibilidad en la práctica individual. Esta diversidad refleja el espíritu inclusivo y libre de la Wicca, que alienta a cada practicante a encontrar su propio camino y a construir su relación personal con la espiritualidad. A pesar de las diferencias entre las tradiciones, todas comparten un respeto por la naturaleza y una creencia en la magia como una herramienta para el crecimiento y la transformación.

La Wicca, en última instancia, es una invitación a descubrir el poder personal y la conexión con el universo. En un mundo que a menudo prioriza el materialismo y la racionalidad, la Wicca ofrece un espacio para explorar lo intuitivo, lo simbólico y lo sagrado. La brujería wiccana no es un escape de la realidad, sino una forma de profundizar en ella, de ver más allá de las apariencias y de reconocer que cada ser, cada objeto y cada fenómeno tienen una dimensión espiritual. En este sentido, la Wicca es tanto una práctica de empoderamiento personal como una llamada a vivir con humildad y con respeto hacia el mundo.

A medida que el practicante avanza en su camino, la Wicca le enseña a ver la vida desde una perspectiva más amplia, a encontrar significado en los ciclos naturales y a reconocer su propia capacidad para crear cambios. La brujería wiccana no es una serie de técnicas o de fórmulas mágicas, sino una forma de vida, una disciplina que permite al individuo descubrir su potencial y su lugar en el cosmos. Al caminar este sendero, el wiccano aprende que la verdadera magia no reside en los rituales o en las palabras, sino en la conexión que uno establece con el mundo y con uno mismo.

En el contexto de la Wicca moderna, la brujería no es un acto de manipulación ni de poder sobre los demás, sino una herramienta para el autoconocimiento y el crecimiento espiritual. La práctica de la Wicca enseña que el universo es un espejo de nuestra propia conciencia y que, al cambiar nuestra percepción y nuestras actitudes, podemos transformar nuestra realidad. La brujería wiccana, en última instancia, es un camino hacia la realización de que todos somos parte de un todo mayor y de que la verdadera magia es el acto de vivir en armonía con ese todo, de respetar y honrar el misterio de la vida en cada uno de sus aspectos.

Capítulo 3
Principios Sagrados

Dentro del sendero wiccano, la ética no es solo un conjunto de normas abstractas, sino un reflejo de la profunda conexión que el practicante establece con el mundo natural y espiritual. La Wicca no se estructura sobre dogmas rígidos o mandamientos inamovibles; en cambio, fluye con principios que emergen de la experiencia de respeto hacia toda forma de vida. Estos principios sagrados son las guías internas que sostienen y equilibran la práctica, un conjunto de valores que, como una brújula, orientan cada acto, cada pensamiento y cada intención. La ética en la Wicca es el alma de sus rituales y el núcleo de su magia, pues todo lo que un wiccano hace está teñido de su compromiso con el bienestar de los demás y con la armonía de la naturaleza.

Uno de los principios más fundamentales en la Wicca es el conocido como la Rede Wiccana, que establece: "Haz lo que quieras, mientras no dañes a nadie." Esta máxima, sencilla en apariencia, encierra una profunda reflexión sobre el respeto a la libertad y a la responsabilidad. Al sostener que uno puede actuar según su voluntad siempre que sus actos no causen daño, la Wicca invita a cada practicante a asumir la responsabilidad de sus propias acciones, a considerar las consecuencias y a elegir con consciencia. La Rede Wiccana se convierte así en una guía de vida, un recordatorio constante de que el poder personal va de la mano de la responsabilidad, y que el respeto hacia uno mismo, hacia los demás y hacia el entorno es la base de toda acción mágica y espiritual.

La Rede no es una regla que deba seguirse por temor a un castigo; es, más bien, una elección consciente y voluntaria de vivir en armonía con el entorno. En el camino wiccano, el libre albedrío es un valor sagrado, y cada persona es libre de elegir cómo desea vivir su espiritualidad. Sin embargo, la Rede insta al practicante a reflexionar sobre las implicaciones de sus actos, a considerar cómo sus deseos y acciones afectan a los demás y al mundo. En lugar de imponer una moralidad externa, la Rede fomenta el desarrollo de una ética interna, un compromiso personal con la paz, la compasión y el equilibrio.

Este principio ético se refuerza con la creencia en la Ley del Tres, otra máxima fundamental en la Wicca que afirma que todo lo que uno hace, ya sea bueno o malo, regresará a uno multiplicado por tres. Esta ley no es un dogma ni una amenaza, sino una manera simbólica de recordar que la energía que uno proyecta en el mundo crea una corriente que, tarde o temprano, retornará a su origen. La Ley del Tres enseña que cada pensamiento, cada palabra y cada acto tienen un efecto en el equilibrio cósmico, y que uno es responsable de la energía que aporta al flujo de la existencia. En la práctica wiccana, esta ley fomenta una actitud de respeto y de humildad, pues el wiccano sabe que todo lo que envía al universo le afectará en algún momento.

La Ley del Tres también enfatiza el poder de la intención. En la Wicca, la intención es la chispa que enciende la magia, el núcleo de cada acto ritual. Los wiccanos entienden que el pensamiento y el deseo son fuerzas en sí mismas, y que los actos, tanto mágicos como cotidianos, deben estar alineados con una intención positiva y clara. Al proyectar intenciones de amor, paz y sanación, el practicante contribuye a la creación de un mundo más armonioso y a la expansión de su propio bienestar. La Ley del Tres no es, por lo tanto, una ley de castigo, sino una invitación a elegir con consciencia y a vivir con integridad, sabiendo que cada pensamiento y cada acto son semillas que, eventualmente, florecerán en la propia vida.

Para un wiccano, la práctica de la magia y de los rituales no es una actividad superficial, sino un acto sagrado que debe llevarse a cabo con respeto y con responsabilidad. La magia es vista como un recurso para mejorar la vida y para conectarse con el universo, no como un medio para controlar o manipular a los demás. Los hechizos y los rituales wiccanos siempre se realizan con una intención pura, y cualquier deseo de dañar o de forzar la voluntad de otra persona va en contra de los principios éticos de la Wicca. La ética mágica en la Wicca es una ética de la libertad y de la cooperación, y cada acto mágico es una afirmación de la interdependencia entre todos los seres.

El respeto hacia la naturaleza es otro de los pilares éticos de la Wicca. Los wiccanos ven en el mundo natural una manifestación de la divinidad, y esta percepción guía su actitud hacia el medio ambiente. La Wicca enseña que el ser humano no es dueño de la tierra, sino uno más entre las muchas criaturas que habitan en ella, y que su papel es vivir en armonía con todos los seres y con el entorno. Los wiccanos ven en cada planta, cada animal y cada elemento un reflejo de la divinidad, y su práctica incluye el cuidado y la preservación de los ecosistemas. La ética ecológica en la Wicca no es un mandamiento externo, sino una expresión natural de la reverencia por la vida. Los actos de respeto hacia la naturaleza, como la reducción de residuos, el respeto a los hábitats naturales y la protección de las especies, son prácticas sagradas que reflejan el compromiso del wiccano con el equilibrio de la tierra.

Los ciclos de vida, muerte y renacimiento son otra base de la ética wiccana. En la Wicca, se entiende que la muerte no es el final, sino una transición, un retorno a la tierra y a la esencia divina. La creencia en la reencarnación, común en la Wicca, sugiere que cada alma regresa para aprender, para crecer y para continuar su camino espiritual. Este concepto de reencarnación se refleja en la actitud hacia el presente y hacia el futuro, pues cada vida es vista como una oportunidad para evolucionar y para contribuir al bienestar colectivo. Los wiccanos creen que sus acciones en esta vida afectarán sus futuras encarnaciones, y este entendimiento los inspira a actuar con sabiduría, compasión y respeto, sabiendo que el aprendizaje y las relaciones son un viaje sin fin.

La práctica de la Wicca incluye también una dimensión de servicio. El concepto de servicio, en este caso, no se refiere a una obligación externa, sino a una expresión natural de amor y de gratitud hacia la vida. Los wiccanos ven en el servicio una manera de devolver al universo lo que han recibido, una forma de equilibrar las energías y de contribuir al bienestar de los demás. Este servicio puede manifestarse de muchas maneras, desde el apoyo a la comunidad hasta el trabajo de sanación o la protección del medio ambiente. En la Wicca, servir a los demás es una forma de honrar la divinidad que habita en cada ser, una manera de reconocer que todos estamos conectados y de que el bienestar de uno es el bienestar de todos.

La Wicca es un camino de autoconocimiento y de autoexploración, y el respeto por la individualidad es otro principio sagrado en esta práctica. Los wiccanos creen que cada persona posee una chispa divina, una esencia única que merece ser honrada y respetada. En la Wicca no existen verdades absolutas ni imposiciones, pues cada individuo es libre de buscar su propia verdad y de encontrar su propio camino espiritual. Este respeto por la individualidad se extiende también a la diversidad de creencias y de prácticas. Los wiccanos honran la libertad de cada persona para elegir su propia senda, y en lugar de juzgar o de intentar cambiar a los demás, se enfocan en su propio crecimiento y en el desarrollo de su propia relación con lo sagrado.

Los principios sagrados en la Wicca son una invitación a vivir en equilibrio y en armonía, no solo con el mundo exterior, sino también con uno mismo. La Wicca enseña que el mundo externo es un reflejo del mundo interno, y que la paz y la armonía deben cultivarse primero en el corazón. A través de la meditación, del trabajo mágico y del autoconocimiento, el wiccano busca encontrar ese equilibrio interno, esa paz que le permite vivir en sintonía con el universo. La práctica de la Wicca es, en última instancia, un viaje hacia la integración y la unidad, un camino que enseña que la verdadera magia no es un poder externo, sino una transformación que surge desde dentro.

En este sendero de vida, la ética no es una carga, sino una expresión de amor, de respeto y de gratitud hacia el misterio de la existencia. Los principios sagrados de la Wicca son como las raíces de un árbol que, al hundirse en la tierra, permiten que el árbol crezca fuerte y que sus ramas se extiendan hacia el cielo. En la Wicca, la ética es la raíz de la magia, el fundamento de la espiritualidad y la guía que permite al practicante caminar en paz con la naturaleza, con los demás y consigo mismo.

Capítulo 4
Aspectos Divinos

Al explorar la espiritualidad wiccana, uno se encuentra frente a un misterio profundo: la naturaleza de lo divino y su relación con el mundo. En el corazón de la Wicca, la divinidad no es una entidad separada ni distante, sino una presencia inmanente, viva en cada rincón de la naturaleza, en cada forma de vida y en cada ciclo del universo. La Wicca ve en el mundo natural no solo una creación divina, sino una manifestación de lo sagrado, una extensión de la energía cósmica que habita en cada elemento, en cada estación y en cada ser. Este enfoque permite a los wiccanos desarrollar una espiritualidad rica y significativa, centrada en la reverencia hacia los aspectos duales y complementarios de la divinidad: la Diosa y el Dios.

La dualidad divina en la Wicca expresa el balance que se observa en la naturaleza y en todos los aspectos de la vida. La Diosa y el Dios representan, respectivamente, las energías femeninas y masculinas, la vida y la muerte, la creación y la transformación, el inicio y el final de los ciclos. Lejos de ser una simple división de roles, esta dualidad refleja la creencia en que ambos aspectos, femenino y masculino, son necesarios para el equilibrio y para la armonía de toda existencia. La Diosa y el Dios, como arquetipos, son principios universales que encarnan la totalidad de la experiencia y de la creación; juntos, representan la unidad en la diversidad y el flujo incesante de energías complementarias.

La Diosa es venerada en la Wicca como la fuente primordial de la vida y la creatividad, un símbolo de fertilidad, amor y transformación. Ella es la Madre Tierra, la Luna, el océano y la oscuridad acogedora de la noche. La Diosa se manifiesta en cada proceso de nacimiento, de crecimiento y de regeneración; en cada semilla que brota y en cada flor que se abre. Los wiccanos encuentran en la Diosa una presencia cercana y protectora, una guía que enseña sobre el valor de la compasión, de la intuición y de la conexión profunda con la vida. A través de ella, el practicante aprende a respetar y a honrar la naturaleza en su aspecto cíclico, entendiendo que el crecimiento y la muerte son parte de una misma realidad, de un mismo flujo de energía que se renueva constantemente.

En el ciclo lunar, la Diosa se presenta en tres aspectos: la Doncella, la Madre y la Anciana. Cada fase de la luna refleja un estado de su ser y, al mismo tiempo, un proceso de crecimiento en el ciclo de la vida. La Doncella, joven y llena de promesas, representa el despertar de la energía, la inspiración y el potencial no manifestado. La Madre, plena y fértil, simboliza el amor, la abundancia y la realización de los sueños y de las metas. La Anciana, sabia y misteriosa, guarda los secretos de la muerte y de la transformación, enseñando que toda vida debe regresar a la fuente para que el ciclo pueda continuar. Este triple aspecto permite a los wiccanos conectar con la naturaleza cíclica de la existencia, comprender que la vida es un proceso de cambio constante y que cada fase tiene su propia belleza y su propio propósito.

Por su parte, el Dios es también una figura de profunda significación en la Wicca, un símbolo del espíritu activo y del ciclo de muerte y renacimiento. Representa el sol, la fuerza vital y el impulso de crecimiento que impulsa a toda criatura a vivir y a superar desafíos. El Dios es el consorte de la Diosa, y juntos, como energías complementarias, crean y sostienen el universo. El Dios no es una figura autoritaria ni distante; más bien, se le percibe como un guía, como el fuego que inspira la acción y la valentía, el guardián de los secretos de la transformación y el cambio. En su naturaleza cíclica, el Dios experimenta su propia transformación a lo largo del año, simbolizando la renovación de la vida en la primavera, la plenitud del verano y la muerte ritual en el invierno.

La imagen del Dios se expresa en el ciclo solar, que en la Wicca se celebra a través de la Rueda del Año. Durante los solsticios y equinoccios, el wiccano observa el nacimiento, la maduración, la muerte y el renacimiento del Dios, un proceso que refleja la energía de la tierra y de las estaciones. En Yule, el sol renace, y el Dios regresa para comenzar su viaje de crecimiento. En Ostara, su fuerza aumenta junto con la fertilidad de la tierra. En Litha, el sol alcanza su máxima potencia, y el Dios se convierte en símbolo de la abundancia y del florecimiento. En Samhain, el Dios desciende al reino de la muerte, uniéndose al misterio de la transformación y preparando el terreno para su renacimiento. Este ciclo es tanto una celebración de las estaciones como una representación del proceso interno de cada persona, de los momentos de crecimiento, de logro, de introspección y de renacimiento espiritual.

La Wicca no impone una imagen única de lo divino. Aunque muchos wiccanos honran a la Diosa y al Dios, el enfoque en la divinidad es flexible y abierto a la interpretación personal. Algunos practicantes encuentran resonancia en deidades de otras culturas y tradiciones, como las diosas celtas, egipcias o griegas, mientras que otros prefieren ver a la Diosa y al Dios como símbolos de las energías universales sin nombres ni formas específicas. Esta apertura refleja la libertad que caracteriza a la Wicca: cada individuo es libre de construir su propia comprensión de lo divino, de explorar diferentes mitologías y de encontrar los aspectos de la divinidad que mejor resuenen con su corazón y con su experiencia. La espiritualidad wiccana es, en este sentido, un camino de descubrimiento personal y de autodefinición, una invitación a forjar una relación íntima y única con lo sagrado.

El concepto de inmanencia divina en la Wicca subraya que la divinidad no solo reside en el cielo o en un reino lejano, sino que vive en cada forma de vida, en cada roca, en cada planta y en cada ser humano. La naturaleza, para el wiccano, es una expresión tangible de lo divino, una manifestación del espíritu sagrado en el mundo material. Esta perspectiva invita al practicante a vivir con humildad y con reverencia, sabiendo que cada acto de respeto hacia la naturaleza es también un acto de devoción hacia lo divino. La divinidad en la Wicca no es un poder externo, sino una energía presente en el corazón de todo lo que existe, una presencia que el practicante puede experimentar directamente a través de su conexión con la tierra, con los elementos y con el ciclo de la vida.

La Wicca también enseña que cada persona posee una chispa de lo divino, un reflejo de la Diosa y del Dios en su interior. Al reconocer esta chispa divina en sí mismo y en los demás, el wiccano desarrolla una ética de respeto y de compasión, pues ve a todos los seres como manifestaciones de la misma energía sagrada. La divinidad no es algo que debe alcanzarse o buscarse fuera de uno mismo; es una realidad que se encuentra en el propio ser, en el acto de vivir, de amar y de respetar. Al honrar a la Diosa y al Dios, el wiccano no solo rinde culto a fuerzas externas, sino que también cultiva su propio poder interno, su propio potencial de crecimiento y de transformación.

En el corazón de la Wicca, el propósito de la práctica espiritual es la unión con lo divino, una comunión que no se busca en un mundo separado, sino en la vida misma, en la belleza y en los misterios de la naturaleza. Cada ritual, cada celebración de la Rueda del Año y cada acto de magia es una expresión de esta relación sagrada, una oportunidad para recordar que el universo es un todo interconectado y que cada ser es parte de ese todo. La Wicca enseña que la verdadera sabiduría no se encuentra en los dogmas ni en las doctrinas, sino en la experiencia directa de lo sagrado en la vida cotidiana. Al honrar a la Diosa y al Dios, el wiccano se recuerda a sí mismo que todo lo que vive es sagrado, que la divinidad no es un ideal distante, sino una presencia que palpita en el corazón del mundo.

Este enfoque en la divinidad como algo inmanente y cercano permite al wiccano cultivar una espiritualidad profunda y llena de significado, una relación con el mundo que va más allá de las creencias y de las palabras. La Wicca invita a sus practicantes a ver la vida como una danza sagrada, a encontrar lo divino en el amor, en el arte, en el trabajo y en cada acto cotidiano. Al vivir de esta manera, cada momento se convierte en una ofrenda, en una oportunidad para celebrar y para honrar la energía que mueve el universo. En la Wicca, la práctica espiritual no es una obligación externa, sino un llamado del alma, una respuesta al deseo profundo de reconectar con la fuente de toda vida y de toda creación.

Para quienes caminan este sendero, la divinidad no es un misterio que debe resolverse, sino una experiencia que debe vivirse y que puede experimentarse en cada susurro del viento, en el brillo de las estrellas y en el latido del propio corazón. Al honrar a la Diosa y al Dios, el wiccano honra también su propia esencia, su propia conexión con el cosmos y con el ciclo eterno de la vida y la muerte. Así, la Wicca se convierte en una celebración de la divinidad en todas sus formas, un camino de descubrimiento y de reverencia, y un recordatorio de que, en cada rincón del universo, en cada ser y en cada momento, lo divino está siempre presente.

Capítulo 5
Cuerpo Energético

Para el wiccano, el universo no solo está hecho de materia física, sino también de una energía sutil, una vibración que fluye a través de todo lo que existe. Esta energía invisible, aunque perceptible para quienes desarrollan su sensibilidad, es lo que sostiene y conecta a todas las formas de vida. Dentro de esta perspectiva, el cuerpo físico no es la única manifestación del ser, sino una de las muchas capas que componen la totalidad del individuo. Este sistema de cuerpos sutiles, o "cuerpo energético", es fundamental en la práctica wiccana, pues representa la dimensión espiritual de la persona, el aspecto que trasciende lo tangible y que permite la conexión con lo divino, la naturaleza y otros seres.

El cuerpo energético se concibe como una red de centros y canales por donde fluye esta energía vital. Aunque cada tradición espiritual puede tener sus propias interpretaciones, en la Wicca se presta especial atención a ciertos centros energéticos conocidos como los chakras. Estos chakras, situados a lo largo de la columna vertebral y extendiéndose hasta la coronilla, son puntos de concentración de energía que, al estar equilibrados y en armonía, permiten al practicante experimentar un bienestar profundo y una conexión fluida con el entorno. Cada chakra posee su propio simbolismo y está asociado con aspectos específicos de la vida, desde la seguridad y la estabilidad hasta la espiritualidad y la conciencia superior.

El primer chakra, conocido como el chakra raíz, es el centro que conecta al individuo con la tierra, con el sentido de pertenencia y de seguridad. Situado en la base de la columna vertebral, este centro es el ancla que permite al wiccano sentirse parte del mundo material y de la naturaleza. Cuando el chakra raíz está equilibrado, el practicante experimenta una sensación de seguridad, de estabilidad y de confianza en su propio camino. Esta conexión con la tierra es fundamental en la Wicca, pues permite al practicante vivir de manera realista y con los pies firmemente plantados, sin perder de vista su vínculo con el plano material.

Subiendo por la columna, encontramos el chakra sacro, ubicado en la zona del abdomen. Este centro energético está asociado con la creatividad, la vitalidad y el placer de vivir. Es el lugar donde se experimenta la conexión con las emociones, con la sensualidad y con la expresión creativa. Para el wiccano, este chakra es especialmente importante, pues a través de él se manifiestan la pasión y el deseo de crear, no solo en el ámbito físico, sino también en el espiritual. Al trabajar con este centro, el practicante cultiva su habilidad para disfrutar de la vida, para vivir de manera plena y para expresarse con libertad, aspectos que se consideran esenciales en una espiritualidad que abraza la vida en todas sus formas.

El siguiente chakra es el plexo solar, situado en el área del estómago. Este centro es la sede del poder personal, de la voluntad y de la autoafirmación. En la Wicca, el plexo solar es el lugar desde el cual el practicante proyecta su energía hacia el mundo, manifestando su voluntad y sus deseos. Es el fuego interno, la chispa que permite al wiccano avanzar con confianza y enfrentarse a los desafíos de la vida. Cuando este chakra está equilibrado, el individuo se siente empoderado, seguro de sí mismo y capaz de actuar en armonía con sus principios y con sus metas. Un plexo solar saludable permite que el wiccano maneje su propio poder con responsabilidad, en sintonía con la ética de respeto y de equilibrio que caracteriza a esta práctica.

Al llegar al centro del pecho, encontramos el chakra del corazón, el lugar donde se experimenta el amor, la compasión y la conexión con los demás. Para el wiccano, el chakra del corazón es el portal hacia la interconexión con toda forma de vida. Desde este centro, el practicante aprende a amar incondicionalmente, a aceptar a los demás y a sentir empatía por cada ser. Es aquí donde se genera la paz y el respeto hacia el entorno, una actitud que en la Wicca se extiende hacia la naturaleza y hacia cada manifestación de la divinidad. Cuando el chakra del corazón está en armonía, el wiccano experimenta una profunda paz interior, una sensación de unidad con el universo y una capacidad natural de perdonar y de comprender.

El chakra de la garganta, ubicado en el cuello, es el centro de la comunicación y de la expresión sincera. En la Wicca, este chakra permite al practicante expresar su verdad, compartir su visión del mundo y comunicar sus intenciones. La magia y los rituales wiccanos dependen en gran medida de la palabra, de la voz y del canto, que son expresiones del poder del verbo. Al trabajar con el chakra de la garganta, el wiccano aprende a hablar con claridad, a expresar sus deseos y a comunicar su amor y su respeto hacia la naturaleza y hacia los demás. Este centro es esencial para la honestidad y la integridad, pues permite que la verdad interior se exprese sin miedo ni reservas.

Más arriba, en la frente, se encuentra el tercer ojo o chakra del entrecejo, el centro de la intuición, de la percepción y de la visión interior. Para el wiccano, el tercer ojo es la puerta hacia el mundo espiritual, el lugar donde se perciben las energías sutiles y donde se desarrollan las habilidades psíquicas. Este chakra permite al practicante conectar con su intuición, interpretar los símbolos y los mensajes que se encuentran en la naturaleza y ver más allá de la realidad física. El tercer ojo, al abrirse, ofrece al wiccano una percepción más profunda de la vida y del mundo espiritual, una visión que trasciende lo material y que permite experimentar la magia como una realidad cotidiana.

El chakra de la corona, situado en la cima de la cabeza, es el centro de la conexión con la divinidad y con la conciencia superior. Este chakra es el vínculo entre el individuo y el cosmos, el punto donde se experimenta la unidad con el universo y con el flujo de la energía divina. En la Wicca, el chakra de la corona es visto como el portal hacia la sabiduría universal, hacia el conocimiento de los misterios de la vida y de la muerte. Cuando este centro está en equilibrio, el wiccano se siente en paz con el universo, en comunión con la energía de la Diosa y del Dios, y en armonía con el ciclo de la vida y de la muerte.

Estos centros energéticos, aunque invisibles al ojo físico, son esenciales en la práctica de la Wicca, pues representan los aspectos internos y espirituales del ser. Al trabajar con los chakras, el wiccano no solo cultiva su bienestar físico y emocional, sino que también profundiza en su conexión con la naturaleza y con lo sagrado. La alineación de estos centros permite al practicante vivir de manera equilibrada, con claridad y con una conciencia abierta a las energías que lo rodean. El trabajo con el cuerpo energético es, en este sentido, una preparación para la práctica mágica, una manera de afinar la propia energía y de desarrollar una sensibilidad que permite experimentar la magia y el misterio en cada aspecto de la vida.

Además de los chakras, el cuerpo energético del wiccano incluye el aura, un campo de energía que rodea al cuerpo físico y que refleja el estado emocional, mental y espiritual del individuo. El aura, al igual que los chakras, es una manifestación de la energía vital, una expresión de la salud y de la vibración de la persona. Los wiccanos aprenden a percibir su propia aura y la de los demás, desarrollando la habilidad de leer las energías sutiles y de interpretar los colores y las vibraciones que emanan de este campo energético. La percepción del aura es una habilidad importante en la Wicca, pues permite al practicante reconocer las influencias externas, proteger su propia energía y crear un espacio de armonía y de paz a su alrededor.

El trabajo con el cuerpo energético en la Wicca incluye prácticas de limpieza y de protección, que ayudan al wiccano a mantener su energía en equilibrio y a evitar las influencias negativas. Los rituales de limpieza energética permiten al practicante liberarse de las energías acumuladas, renovar su campo vibracional y restaurar la armonía en su ser. Estas prácticas incluyen el uso de hierbas, como el incienso y la salvia, así como visualizaciones y meditaciones que ayudan a liberar cualquier energía estancada y a reestablecer el flujo natural de la energía. La protección energética, por su parte, es una práctica que permite al wiccano crear una barrera contra las influencias negativas, una capa de luz que protege el aura y que permite que la propia energía fluya sin interferencias.

El cuerpo energético es, en resumen, una parte fundamental de la experiencia wiccana, un aspecto del ser que permite al practicante vivir en sintonía con el mundo espiritual y con el flujo de la energía cósmica. Al aprender a trabajar con sus centros energéticos y a cuidar de su aura, el wiccano desarrolla una sensibilidad que le permite percibir la magia en cada rincón de la vida y reconocer su propia conexión con el universo. La Wicca enseña que el cuerpo, la mente y el espíritu son una unidad, y que al cuidar del cuerpo energético, uno se cuida a sí mismo en todos los niveles. La práctica de la Wicca es, en este sentido, un viaje de autodescubrimiento, una exploración de las dimensiones internas del ser y una invitación a vivir en armonía con el flujo eterno de la vida y de la energía.

Capítulo 6
Mente Mágica

En el sendero de la Wicca, la mente es una herramienta poderosa, la semilla de la magia y el vehículo que permite al practicante conectarse con fuerzas sutiles que, aunque invisibles, están presentes en cada rincón del mundo. La mente mágica es una dimensión de la conciencia que los wiccanos cultivan y fortalecen para percibir y trabajar con las energías que fluyen a través de la naturaleza y de ellos mismos. No es una capacidad sobrenatural ni un talento exclusivo; es un aspecto que cualquier persona puede desarrollar con práctica y paciencia. Esta habilidad de la mente permite al wiccano transformar sus pensamientos en energía, su voluntad en poder, y sus deseos en realidades tangibles.

Desarrollar una mente mágica significa entrenar la capacidad de concentración, la visualización, la intención y la claridad mental. En la Wicca, estos aspectos son el núcleo de la práctica mágica, la base sobre la cual se construyen los rituales y los hechizos. La magia no es una cuestión de fórmulas o de palabras recitadas mecánicamente; es un acto de voluntad consciente, un flujo de energía que se dirige hacia un propósito específico. Para que la magia funcione, la mente debe estar enfocada y libre de distracciones. Por eso, el primer paso en el entrenamiento de la mente mágica es aprender a concentrarse y a dirigir el pensamiento hacia un único objetivo, como un río que fluye sin desbordarse de sus orillas.

La concentración es la habilidad de enfocar la atención en un solo punto, de mantener la mente fija en una imagen, en una palabra o en un símbolo, sin permitir que pensamientos dispersos interfieran en el proceso. En la práctica wiccana, esta capacidad de concentración es esencial, pues permite al practicante dirigir su energía de manera clara y efectiva. Los wiccanos practican la concentración a través de ejercicios simples, como observar la llama de una vela o contemplar un objeto durante varios minutos. Estos ejercicios fortalecen la mente y la preparan para la magia, enseñando al practicante a mantener el enfoque incluso en medio de distracciones o de pensamientos pasajeros.

La visualización es otro pilar de la mente mágica, la habilidad de crear imágenes mentales claras y vívidas, de ver con los ojos del espíritu lo que aún no existe en el plano físico. La visualización permite al practicante construir una representación mental de sus deseos, de sus metas y de sus intenciones. En la Wicca, la visualización es una forma de dar vida a los pensamientos, de proyectarlos en el mundo sutil como si ya fueran realidades tangibles. Al visualizar un resultado deseado, el wiccano genera una imagen energética que atrae hacia sí las fuerzas y circunstancias necesarias para su manifestación. La práctica de la visualización es, por lo tanto, una herramienta de creación y de transformación, una manera de sembrar en el mundo invisible las semillas de lo que se quiere traer al mundo visible.

La claridad mental es otro aspecto esencial de la mente mágica. Para que un acto mágico sea efectivo, la intención detrás de él debe ser clara y precisa. La mente debe estar libre de dudas y de confusiones, enfocada en un propósito concreto y sin ambigüedades. Los wiccanos aprenden a definir sus deseos con exactitud, a formular sus intenciones de manera simple y directa, sin vacilaciones. La claridad mental permite que la energía fluya de manera directa hacia el objetivo, sin dispersarse en diferentes direcciones. En la Wicca, esta precisión es fundamental, pues cualquier acto mágico que se realice con una intención difusa o contradictoria pierde su fuerza y su efectividad.

El desarrollo de la mente mágica también implica el trabajo con la intuición, la capacidad de percibir más allá de los sentidos físicos y de recibir mensajes del mundo espiritual. La intuición es una habilidad natural que todos poseemos, pero que a menudo permanece latente debido a las distracciones de la vida cotidiana. En el camino wiccano, la intuición es una guía invaluable, una brújula que permite al practicante sentir la energía de los lugares, de las personas y de las situaciones. Al escuchar su intuición, el wiccano aprende a discernir qué es lo mejor para su desarrollo y para su práctica, a elegir el momento adecuado para sus rituales y a percibir las señales que el universo le envía. La intuición es, en este sentido, la voz de la sabiduría interna, una conexión con el conocimiento universal que todos llevamos dentro.

En la Wicca, la mente mágica se cultiva también a través de la meditación. La meditación es una práctica que permite al wiccano aquietar los pensamientos, relajarse y entrar en un estado de paz interior. A través de la meditación, el practicante aprende a observar sus pensamientos sin identificarse con ellos, a liberar las tensiones y las preocupaciones, y a conectar con su ser interior. La meditación fortalece la mente, aumentando su capacidad de concentración, de claridad y de intuición. Además, permite al practicante entrar en contacto con sus propias energías y con las energías de la naturaleza, facilitando la sintonización con el flujo del universo y con las fuerzas que mueven la vida.

El acto de imaginar y de soñar despierto es otra habilidad que los wiccanos desarrollan como parte de su mente mágica. Aunque en la vida cotidiana estas actividades son a menudo menospreciadas, en la Wicca se valoran como formas de explorar el mundo espiritual y de crear nuevas realidades. Los wiccanos utilizan la imaginación para visualizar sus deseos, para conectar con los espíritus de la naturaleza y para viajar a los planos sutiles. La imaginación es una puerta hacia el misterio, un puente entre lo visible y lo invisible, entre el mundo material y el mundo espiritual. Al nutrir su imaginación, el wiccano desarrolla la capacidad de ver más allá de las apariencias, de percibir las energías ocultas y de experimentar la magia como una realidad cotidiana.

La mente mágica se basa en la creencia de que el pensamiento es energía, y que cada pensamiento que uno genera tiene el poder de influir en el mundo. En la Wicca, se enseña que los pensamientos positivos y constructivos fortalecen la mente mágica, mientras que los pensamientos negativos y destructivos la debilitan. Por eso, los wiccanos aprenden a cuidar de su mente, a elegir conscientemente sus pensamientos y a cultivar una actitud de optimismo y de confianza. La mente mágica es un reflejo de las creencias y de las emociones del practicante; una mente llena de temor y de dudas no puede generar una magia efectiva, mientras que una mente llena de amor, de respeto y de claridad es capaz de transformar la realidad.

El entrenamiento de la mente mágica es un proceso gradual, una práctica que requiere tiempo y dedicación. Los wiccanos comienzan con ejercicios sencillos, como la meditación, la visualización y la concentración, y, a medida que avanzan, desarrollan una mayor sensibilidad hacia las energías y hacia el mundo espiritual. La mente mágica se fortalece a través de la práctica diaria, de la autoobservación y del compromiso con el propio crecimiento. A medida que el practicante desarrolla su mente mágica, experimenta una mayor conexión con la naturaleza, una mayor sensibilidad hacia las energías sutiles y una comprensión más profunda de la interconexión de todas las cosas.

La mente mágica no es un don que se otorga desde fuera; es una capacidad que cada persona lleva dentro de sí misma y que puede despertar a través de la práctica y de la intención. Al cultivar su mente mágica, el wiccano se convierte en un ser consciente, en un canal de la energía universal y en un co-creador de su propia realidad. La magia no es una fuerza externa que se impone sobre el mundo; es una expresión de la propia voluntad, una extensión del propio ser y una manifestación de la conexión entre la mente, el espíritu y el universo.

Para el wiccano, la mente mágica es tanto un instrumento de transformación personal como una herramienta de comunión con la naturaleza y con lo sagrado. Al trabajar con su mente mágica, el practicante se convierte en un participante activo en el flujo de la vida, en un ser que actúa en armonía con el universo y que utiliza su poder con responsabilidad y con amor. La mente mágica no es una habilidad separada del resto de la vida; es una manera de ver el mundo, de relacionarse con los demás y de experimentar la propia existencia como un proceso de creación constante.

La Wicca, al fomentar el desarrollo de la mente mágica, invita a cada practicante a descubrir su propio poder, a explorar su propia naturaleza y a vivir de acuerdo con su verdad. La mente mágica es la chispa de la conciencia, la luz que permite ver más allá de las apariencias y que convierte cada momento en una oportunidad de aprendizaje y de crecimiento. En este sendero, el wiccano aprende que la verdadera magia no es una cuestión de palabras ni de fórmulas, sino de claridad, de intención y de conexión con el corazón del universo.

Capítulo 7
Respiración Sagrada

En el sendero de la Wicca, la respiración es mucho más que un simple acto físico. Es la conexión íntima y constante entre el cuerpo, la mente y el espíritu; una fuente de vida que permite al practicante acceder a estados de consciencia más elevados y a un conocimiento profundo del propio ser. A través de la respiración, los wiccanos aprenden a conectarse con el flujo de energía que recorre el universo y a percibir su presencia en cada instante. La respiración se convierte, así, en una práctica sagrada, en una puerta que conduce a la percepción de lo invisible y en una herramienta esencial para el trabajo mágico.

El acto de respirar es la primera y última acción de cada ser vivo, un ciclo de entrada y salida que nos conecta con el mundo y que refleja el flujo constante de la vida y de la muerte. En la Wicca, esta entrada y salida de aire simboliza el equilibrio entre lo interno y lo externo, entre lo visible y lo invisible, entre lo material y lo espiritual. La respiración permite que el wiccano se sintonice con los ritmos naturales, que perciba el pulso de la tierra y que reconozca la vida que palpita en todo lo que le rodea. Al trabajar conscientemente con la respiración, el practicante abre un canal hacia una percepción ampliada y hacia un estado de calma interior que facilita la conexión con las energías sutiles y con el flujo de la existencia.

La respiración consciente, o respiración sagrada, es una práctica que permite al wiccano concentrarse en el momento presente, en el aquí y el ahora, y experimentar la vida en su forma más pura. En la Wicca, se enseña que la respiración es un acto de intercambio con el universo: al inhalar, uno recibe la energía de la tierra y del cosmos, y al exhalar, uno devuelve esa energía al mundo. Este ciclo de toma y de entrega es un reflejo del equilibrio que el wiccano busca en su vida, una armonía entre lo que se recibe y lo que se ofrece, entre lo que se absorbe y lo que se da. La respiración consciente permite al practicante convertirse en un canal de esta energía, en un ser que participa activamente en el flujo de la vida.

Uno de los ejercicios más comunes en la Wicca para cultivar la respiración sagrada es la respiración profunda y rítmica. En este ejercicio, el practicante respira lenta y profundamente, llenando sus pulmones con aire y permitiendo que la energía entre en su cuerpo de manera uniforme y completa. La respiración profunda ayuda a calmar la mente, a relajar el cuerpo y a centrar la atención. Con cada inhalación, el wiccano imagina que absorbe energía vital, luz y fuerza, y con cada exhalación, libera cualquier tensión, preocupación o energía estancada. Este ciclo de inhalación y exhalación permite que la energía fluya libremente a través del cuerpo, limpiando los centros energéticos y facilitando un estado de paz y de armonía interna.

Otro ejercicio valioso es la respiración cuadrada, una técnica que consiste en dividir la respiración en cuatro fases iguales: inhalación, retención, exhalación y pausa. Este método de respiración permite al wiccano desarrollar un control consciente de su energía, experimentando cada fase de la respiración como un momento de presencia plena. Al inhalar, el practicante recibe la energía, al retenerla, la absorbe en su ser, al exhalar, la comparte con el entorno, y en la pausa, experimenta un instante de silencio y de conexión profunda. La respiración cuadrada es una práctica de equilibrio, una manera de sincronizarse con el ritmo natural de la vida y de establecer un estado de calma y de claridad mental que facilita la conexión con el mundo espiritual.

La respiración alternada, una técnica que consiste en inhalar y exhalar por cada fosa nasal de forma alterna, es también común en la práctica wiccana. Este método ayuda a equilibrar las energías de los dos hemisferios cerebrales, promoviendo un estado de equilibrio entre lo racional y lo intuitivo, entre lo consciente y lo inconsciente. La respiración alternada permite al practicante activar ambas partes de su ser, cultivando una mente clara y una intuición despierta. Este ejercicio es especialmente útil antes de un ritual o de una meditación, pues permite al wiccano entrar en un estado de armonía y de concentración, liberando cualquier bloqueo y facilitando la circulación de la energía.

La respiración sagrada también se utiliza en los rituales wiccanos para elevar la energía y para conectar con los elementos. Cada uno de los elementos (tierra, agua, aire y fuego) está asociado con una cualidad de la respiración. El aire, obviamente, es el elemento de la respiración misma, el medio por el cual el wiccano se comunica con lo invisible. La tierra se experimenta en la sensación de arraigo que se logra con la respiración profunda, una conexión con el suelo y con el cuerpo físico. El agua, con su fluidez, se refleja en la respiración suave y constante, que permite al practicante dejarse llevar y fluir con el ritmo natural. Y el fuego, con su intensidad, se experimenta en la respiración rápida y vigorosa, que despierta la energía y la pasión.

Al trabajar con la respiración sagrada, el wiccano se convierte en un instrumento de energía, en un canal a través del cual fluye la fuerza vital. En la práctica de la Wicca, la respiración es la clave que permite abrir los centros energéticos, activar el aura y sintonizarse con las vibraciones de la naturaleza. La respiración es, en este sentido, una herramienta de purificación y de equilibrio, una manera de liberar cualquier energía negativa o bloqueada y de renovar la vitalidad del cuerpo y del espíritu. Al aprender a respirar conscientemente, el practicante se convierte en un co-creador de su propia energía, en un ser que puede regular su propio estado mental y emocional a través de la simple, pero poderosa, práctica de la respiración.

La respiración sagrada también es fundamental para alcanzar estados de conciencia alterados, una habilidad que permite al wiccano explorar los planos sutiles y conectar con el mundo espiritual. Al utilizar técnicas de respiración específicas, el practicante puede inducir un estado de trance ligero, en el cual la mente se relaja y se abre a nuevas percepciones. En estos estados, el wiccano puede recibir visiones, mensajes o impresiones de los espíritus de la naturaleza, de los ancestros o de su propia sabiduría interna. La respiración se convierte, así, en una puerta hacia el misterio, en una llave que permite cruzar los límites de la conciencia ordinaria y explorar el vasto mundo de lo desconocido.

La práctica de la respiración sagrada también enseña al wiccano a vivir con más consciencia, a apreciar cada momento y a percibir la vida como un proceso de constante renovación. Al prestar atención a cada inhalación y a cada exhalación, el practicante aprende a vivir en el presente, a experimentar la paz y la belleza que se encuentran en cada instante. La respiración es un recordatorio de que la vida es un flujo constante, un ciclo de entrada y salida, de nacimiento y de muerte, de inicio y de fin. Al practicar la respiración sagrada, el wiccano se sintoniza con este flujo, aprendiendo a vivir en armonía con los ritmos naturales y a experimentar la paz que surge de la aceptación de la vida tal como es.

La respiración sagrada permite al practicante de la Wicca establecer una relación más profunda y consciente con su propio cuerpo. En un mundo donde el ritmo de vida es a menudo acelerado y donde la mente está constantemente ocupada, la respiración es una manera de regresar al propio centro, de conectarse con el cuerpo y de cuidar de él. La respiración sagrada es un acto de amor y de respeto hacia uno mismo, una práctica que permite al practicante cultivar la salud, la serenidad y la armonía interna. Al cuidar de su propia respiración, el wiccano cuida de su ser en todos los niveles, reconociendo que su cuerpo es el templo en el cual habita el espíritu y que cada respiración es un acto sagrado de vida.

En la Wicca, la respiración es el primer paso hacia la magia, la base sobre la cual se construyen los rituales y los hechizos, y el medio que permite al practicante sintonizarse con la energía de la tierra y del cosmos. La respiración sagrada es, en última instancia, una celebración de la vida, una afirmación de que cada instante es valioso y de que cada respiro es una oportunidad para conectar con lo divino. Al cultivar esta práctica, el wiccano aprende a vivir con gratitud, a percibir el mundo con una sensibilidad renovada y a experimentar la paz que surge de la conexión con el flujo eterno de la existencia.

Capítulo 8
Estados Alterados

Los estados alterados de conciencia son puertas a través de las cuales el wiccano puede vislumbrar otras dimensiones de la realidad y conectar con los planos sutiles del universo. En la Wicca, estos estados no son meros escapes de la realidad cotidiana, sino experiencias intencionadas que permiten profundizar en la conexión con el mundo espiritual, con las energías naturales y con el propio ser. El trabajo con estos estados de conciencia es una práctica seria y sagrada que abre caminos de autoconocimiento y de transformación, pero también requiere respeto, preparación y responsabilidad.

El concepto de estados alterados de conciencia no es exclusivo de la Wicca; ha sido explorado en diversas culturas y tradiciones espirituales de todo el mundo. Chamanes, místicos y buscadores espirituales de distintas épocas han recurrido a estos estados para adquirir sabiduría, sanar el alma y establecer comunicación con los espíritus de la naturaleza y los ancestros. En la Wicca, el propósito de alcanzar un estado alterado es el de abrirse a una percepción más profunda, una visión del mundo que trasciende los límites de lo físico y de lo racional, permitiendo que el practicante acceda a las verdades y mensajes que el universo guarda en sus rincones invisibles.

Existen varios métodos que los wiccanos emplean para alcanzar estos estados de conciencia expandida, todos ellos seguros y respetuosos con el equilibrio físico y mental del practicante. Uno de los métodos más comunes es la meditación profunda, una práctica que permite aquietar la mente y enfocarse en el momento presente. Al sumergirse en la quietud de la meditación, el wiccano entra en un estado de paz y de relajación que le permite percibir la realidad desde una perspectiva distinta, libre de las distracciones y preocupaciones cotidianas. La meditación, cuando se practica con regularidad, es una herramienta eficaz para sintonizarse con el propio ser y para acceder a las energías y conocimientos que se encuentran más allá de la percepción ordinaria.

Otra técnica utilizada en la Wicca para inducir estados alterados de conciencia es la visualización guiada. A través de la visualización, el practicante es capaz de crear en su mente imágenes detalladas y vívidas que le permiten "viajar" a otros lugares o explorar su propio ser interno. Estas imágenes se convierten en portales hacia otros niveles de realidad, lugares sagrados o escenarios simbólicos donde el wiccano puede interactuar con espíritus de la naturaleza, recibir mensajes de su inconsciente y experimentar realidades místicas. La visualización guiada es particularmente útil en los rituales y en las ceremonias, pues ayuda al practicante a conectar con el mundo espiritual y a abrir su mente a experiencias profundas y transformadoras.

El uso de la respiración rítmica es otra técnica que facilita la entrada en estados de conciencia alterados. Al igual que la respiración sagrada, la respiración rítmica permite al practicante regular su energía y sintonizarse con un flujo más lento y profundo de la mente. Al respirar de manera constante y controlada, el wiccano experimenta una expansión de su percepción, una conexión más intensa con su propio cuerpo y con el mundo energético que lo rodea. Esta técnica es especialmente valiosa para el trabajo mágico, pues permite al practicante elevar su energía, abrir sus centros energéticos y sintonizarse con las vibraciones de la naturaleza y del cosmos. A través de la respiración rítmica, el wiccano alcanza un estado de paz y de concentración que facilita el trabajo espiritual y el acceso a los planos sutiles.

El tamborileo rítmico es otra herramienta poderosa en el camino wiccano, ya que ayuda a inducir estados de trance ligero. El ritmo repetitivo de los tambores produce una vibración que resuena en el cuerpo y en la mente del practicante, creando una especie de "puente" hacia el mundo espiritual. El tambor es una representación de los latidos de la tierra, y su sonido permite al wiccano conectar con el pulso de la naturaleza y con las energías de los elementos. El tamborileo rítmico es particularmente eficaz en los rituales colectivos, pues permite que todos los participantes entren en sintonía y que sus mentes se unan en un flujo común de energía y de intención. Este estado de trance facilita la comunicación con los espíritus de la naturaleza y permite al practicante experimentar una conexión profunda con la tierra y con el mundo espiritual.

El movimiento físico y la danza también son métodos comunes en la Wicca para inducir estados alterados de conciencia. La danza rítmica, en particular, permite al wiccano liberar la energía acumulada y entrar en un estado de éxtasis y de unidad con el flujo de la vida. Al moverse al ritmo de la música o de los tambores, el practicante permite que su cuerpo se convierta en un canal de la energía cósmica, dejando que el espíritu fluya a través de él y experimentando una conexión intensa con el mundo natural. La danza, en este contexto, no es solo un acto de expresión física; es una forma de oración, una celebración de la vida y una manera de trascender las limitaciones de la mente consciente.

Otra técnica de alteración de conciencia en la Wicca es el uso de símbolos y de sigilos, formas visuales que actúan como llaves para abrir la percepción a realidades más profundas. Los wiccanos crean y utilizan símbolos específicos en sus rituales, cada uno de ellos cargado de significado y de intención. Al concentrarse en un símbolo o en un sigilo, el practicante dirige su mente hacia un estado de enfoque intenso que le permite penetrar en otros niveles de realidad. Los símbolos son puertas hacia el inconsciente y hacia el mundo espiritual, y su uso en los rituales permite al wiccano entrar en un estado de conexión con fuerzas y energías que normalmente permanecen ocultas.

El trabajo con la voz, especialmente el canto y los mantras, también se utiliza en la Wicca para alcanzar estados de conciencia alterados. La repetición de sonidos sagrados o de palabras de poder crea una vibración que resuena en el cuerpo y en la mente del practicante, permitiéndole entrar en un estado de trance. Los cantos y los mantras son expresiones del verbo sagrado, una forma de conectar con la energía divina y de elevar la vibración personal. Al cantar, el wiccano se convierte en un canal de energía y en un transmisor de poder, experimentando una unión con lo divino y con el flujo de la vida. La voz se convierte en un instrumento de conexión, en un medio para entrar en comunión con el universo y para experimentar la magia en su forma más pura.

El trance es, en la Wicca, una experiencia profunda y sagrada, pero también exige precaución y respeto. El wiccano sabe que adentrarse en estos estados requiere una preparación adecuada, un entorno seguro y una clara intención. Antes de buscar un estado alterado de conciencia, el practicante se asegura de estar en equilibrio y de estar preparado para la experiencia. La Wicca enseña que el trance es una herramienta de autoconocimiento y de transformación, no un fin en sí mismo ni una vía de escape. Al entrar en trance, el wiccano mantiene siempre una actitud de humildad y de respeto, sabiendo que está explorando un territorio sagrado y que su intención debe ser siempre la de aprender y la de conectar con el misterio.

En la Wicca, el trabajo con estados alterados de conciencia permite al practicante descubrir aspectos profundos de su propio ser, comprender los ciclos de la naturaleza y entrar en comunión con las fuerzas invisibles que animan el universo. Estos estados no son meras experiencias personales; son momentos de unión con el todo, de conexión con el flujo de la vida y de comunión con lo divino. Al alcanzar un estado alterado de conciencia, el wiccano experimenta la magia como una realidad tangible, como una presencia viva que lo rodea y lo envuelve, y como un recordatorio de que el mundo visible es solo una parte de la totalidad.

La exploración de los estados de conciencia alterados es, en última instancia, una forma de crecer espiritualmente y de aprender a vivir en armonía con el universo. Al conectar con el mundo espiritual, el wiccano adquiere una comprensión más profunda de la vida, una percepción más amplia de sí mismo y una mayor sensibilidad hacia las energías que lo rodean. Estos estados de conciencia permiten al practicante trascender los límites de la mente ordinaria, experimentar la unidad de la existencia y despertar a la realidad de que todos somos parte de un todo mayor. En este sentido, el trabajo con los estados alterados de conciencia es una invitación a vivir con plenitud, a experimentar la magia en cada momento y a descubrir que, en el corazón del universo, todo está interconectado y en armonía.

Capítulo 9
Elección Ritual

Para el practicante de la Wicca, las herramientas rituales no son meros objetos; son extensiones del propio ser y de la voluntad mágica. Cada una de estas herramientas contiene un significado, un propósito y una energía particular que se sintoniza con las intenciones del practicante y con las fuerzas naturales que éste busca canalizar. La elección de estas herramientas es un acto de poder y de intuición, un proceso en el cual el wiccano se conecta con su interior para encontrar aquellos objetos que lo acompañarán en su viaje espiritual. La selección de herramientas es una ceremonia en sí misma, una decisión que se toma con respeto y con una comprensión profunda de su significado en el trabajo mágico y ritual.

Al elegir una herramienta, el wiccano no se guía únicamente por su apariencia o por su costo, sino por una resonancia interna, una intuición que le indica que ese objeto específico es el adecuado. Los wiccanos creen que cada herramienta posee una energía propia y que, al seleccionarla, el practicante establece un vínculo especial con ella. Por eso, muchas de las herramientas rituales no son compradas, sino creadas o consagradas personalmente, imbuyéndolas con la intención y el amor del practicante. Este vínculo convierte a cada herramienta en una aliada en el camino mágico, en un símbolo de la conexión entre el individuo y el poder universal.

El athame es quizás una de las herramientas más reconocibles y poderosas en la Wicca. Este cuchillo ritual, de doble filo y generalmente con mango oscuro, representa la voluntad del practicante y se utiliza para dirigir la energía en los rituales. Aunque el athame tiene un aspecto similar al de un arma, en la Wicca no se utiliza para cortar objetos materiales; su función es puramente energética. Con él, el wiccano traza el círculo sagrado, un espacio de protección y de poder en el cual se realizan los rituales. Al elegir un athame, el practicante busca un cuchillo que resuene con su energía, que sienta como una extensión de su propia voluntad y que le permita proyectar su intención con claridad y precisión.

El cáliz es otra herramienta importante en el ritual wiccano. Este recipiente simboliza la feminidad, la receptividad y el elemento agua. En los rituales, el cáliz es utilizado para contener agua, vino u otras bebidas consagradas, y representa el vientre de la Diosa, la fuente de vida y de creación. Al elegir un cáliz, el practicante busca un objeto que inspire respeto y que le permita conectarse con la energía de la Diosa y con el aspecto sagrado de la receptividad. Muchos wiccanos prefieren usar cálices de materiales naturales, como cerámica, vidrio o incluso madera, para mantener una conexión auténtica con la tierra y con las energías de la naturaleza.

El pentáculo es una herramienta sagrada que simboliza la tierra y que representa el equilibrio de los cuatro elementos y del espíritu. Este disco, en el cual se inscribe el símbolo de la estrella de cinco puntas dentro de un círculo, es una representación de la conexión entre el mundo material y el mundo espiritual. En los rituales, el pentáculo se utiliza como un altar portátil o como un punto de concentración para las ofrendas y las intenciones. Al elegir un pentáculo, el practicante se conecta con su sentido de estabilidad, de arraigo y de respeto hacia la naturaleza, buscando un objeto que le recuerde su conexión con la tierra y con el equilibrio universal.

La varita es otra herramienta esencial en la Wicca y representa el elemento aire, así como la conexión entre el practicante y las energías invisibles del mundo. La varita se utiliza para canalizar la energía y para dirigirla en los rituales, especialmente en actos de invocación y de evocación de los elementos y de las deidades. Muchos wiccanos prefieren crear su propia varita, eligiendo una rama de un árbol específico y consagrándola de acuerdo con sus intenciones. La madera de roble, sauce, avellano o espino es muy apreciada, pues se cree que cada tipo de madera aporta una energía particular a la varita. Al trabajar con esta herramienta, el practicante establece una conexión con los espíritus de los árboles y con las energías sutiles del aire.

Además de estas herramientas tradicionales, el wiccano puede elegir otros objetos que tengan un significado personal y que resuenen con su propia energía. Piedras, cristales, plumas, conchas y figuras de animales son ejemplos de herramientas adicionales que pueden encontrarse en el altar de un practicante. Cada uno de estos objetos posee una vibración única y se convierte en un símbolo de una cualidad específica que el wiccano desea invocar o de una energía que quiere fortalecer en su vida. La elección de estas herramientas es una expresión de la individualidad del practicante y una manifestación de su conexión con los reinos naturales y espirituales.

El altar es el espacio sagrado donde se disponen estas herramientas y donde se realizan los rituales y hechizos. En la Wicca, el altar no es solo un lugar físico; es un espacio de poder, un punto de encuentro entre el mundo visible y el invisible, un centro en el cual se concentran las energías del practicante. Al crear su altar, el wiccano lo decora con elementos que representan los cuatro elementos y que reflejan su conexión con la Diosa y el Dios. Cada altar es único y personal, adaptado a las necesidades y a la intuición de cada practicante. En él, las herramientas no son simples adornos, sino expresiones del alma y del compromiso espiritual del wiccano.

El proceso de consagración es fundamental al elegir y preparar cada herramienta. La consagración es el acto de purificar y de dedicar la herramienta a un propósito específico, imbuyéndola con la energía y la intención del practicante. Este ritual de consagración puede incluir el uso de los cuatro elementos: la tierra, el agua, el fuego y el aire, cada uno de los cuales contribuye a purificar y a activar el objeto en diferentes niveles. La tierra, a menudo representada por sal o por tierra de algún lugar sagrado, limpia la herramienta de cualquier energía residual. El agua, a menudo proveniente de un manantial o consagrada en un ritual, purifica el objeto y lo prepara para su uso. El fuego, representado por la llama de una vela, consagra la herramienta con el poder de la voluntad, y el aire, simbolizado por el humo del incienso, permite que el objeto se sintonice con las vibraciones espirituales del wiccano.

Además de la consagración inicial, cada herramienta necesita un cuidado continuo para mantener su energía y su pureza. Los wiccanos consideran que las herramientas deben limpiarse regularmente, especialmente después de usarlas en rituales intensos o en trabajos de sanación. Esta limpieza puede realizarse pasando la herramienta por el humo del incienso o colocándola bajo la luz de la luna llena, un método que permite que la energía lunar renueve y purifique el objeto. Al cuidar sus herramientas, el wiccano reafirma su compromiso con la práctica y muestra su respeto hacia los objetos que le acompañan en su viaje espiritual.

El vínculo entre el wiccano y sus herramientas se fortalece con el tiempo y con el uso. A medida que el practicante utiliza cada objeto en los rituales y en los hechizos, las herramientas absorben su energía, su intención y su amor, convirtiéndose en extensiones de su propio ser. Este lazo crea un círculo de confianza y de familiaridad que permite que el trabajo mágico fluya con más fuerza y que las intenciones del wiccano se manifiesten con mayor claridad. Cada herramienta se convierte en un símbolo de la relación del practicante con el poder natural y en un recordatorio de su conexión con el mundo espiritual.

El proceso de elección y de consagración de las herramientas no es solo un acto ritual, sino un reflejo del compromiso del wiccano con su camino. Cada herramienta elegida es una expresión de la devoción y de la dedicación del practicante, una afirmación de su deseo de vivir en armonía con la naturaleza y con el universo. Al seleccionar y al cuidar de sus herramientas, el wiccano honra su propia esencia y su conexión con el flujo eterno de la vida, recordando que cada objeto, cada acto y cada momento pueden ser sagrados.

En la Wicca, la elección ritual es una expresión de amor y de respeto hacia lo sagrado, un acto que permite al practicante rodearse de objetos que reflejan su propia energía y que le ayudan a manifestar su intención en el mundo. Las herramientas no son meras posesiones; son compañeros de viaje, guías y protectores, símbolos de la relación del wiccano con el misterio y con el poder que habita en la naturaleza y en sí mismo.

Capítulo 10
Consagración Mágica

En el camino de la Wicca, consagrar un objeto es mucho más que prepararlo para el uso ritual; es un acto de transformación, una ceremonia en la cual un objeto común se convierte en un canal de energía y en un vínculo sagrado entre el practicante y lo divino. La consagración mágica tiene como propósito purificar el objeto y elevarlo a un estado de resonancia espiritual, de modo que pueda reflejar la voluntad, la intención y el amor del wiccano. Este acto convierte a cada herramienta y a cada elemento ritual en un compañero de viaje espiritual, imbuido con el propósito y el poder del practicante.

La consagración en la Wicca no se limita a las herramientas rituales, sino que puede realizarse con cualquier objeto que el wiccano desee transformar en un canal de poder, en un símbolo de su conexión con el universo y en una herramienta de crecimiento. Los cristales, las hierbas, los talismanes y hasta los elementos naturales como piedras y ramas pueden ser consagrados. La Wicca enseña que cualquier objeto puede convertirse en un medio de expresión sagrada si se dedica con la intención y el respeto adecuados. Así, la consagración no es solo una técnica, sino un acto de devoción y de compromiso con lo sagrado.

El proceso de consagración comienza con la purificación del objeto, un paso fundamental para liberar cualquier energía previa o influencia externa que pueda haber acumulado. En la Wicca, la purificación es un acto simbólico que se realiza utilizando los cuatro elementos: tierra, agua, fuego y aire, cada uno de los cuales cumple una función específica en el proceso de limpieza. La tierra se asocia con la estabilidad y la absorción, y se puede representar con sal, cenizas o tierra de un lugar sagrado. Al pasar el objeto por la tierra, el practicante permite que éste libere cualquier carga energética residual, devolviendo esas energías al suelo, donde serán neutralizadas y transformadas.

El agua, que se relaciona con la fluidez, la sanación y la purificación emocional, es otro elemento esencial en el ritual de consagración. El wiccano utiliza agua pura, a menudo tomada de un río, de un manantial o consagrada específicamente para este propósito, y rocía el objeto o lo sumerge en ella para limpiar sus vibraciones y renovar su esencia. Este acto de purificación con agua permite al objeto abrirse a nuevas energías, convirtiéndose en un recipiente adecuado para la intención sagrada del practicante. El agua limpia y refresca, permitiendo que la energía del objeto fluya libremente y se libere de cualquier carga pasada.

El fuego es el tercer elemento en la consagración y representa la voluntad, la transformación y el poder de la intención. En la Wicca, el fuego se simboliza a menudo mediante la llama de una vela, que se utiliza para pasar el objeto a través de la luz, purificándolo con el calor y la energía de la llama. Este acto de pasar el objeto por el fuego es un símbolo de purificación y de renacimiento, una representación del poder de la voluntad del wiccano para transformar el objeto en un canal de poder. El fuego no solo purifica, sino que también carga el objeto con la fuerza y la determinación del practicante, convirtiéndolo en una herramienta de cambio y de transformación.

El último de los elementos es el aire, asociado con la mente, la comunicación y la conexión espiritual. En la consagración, el aire se representa mediante el humo del incienso, que envuelve el objeto y lo conecta con el plano espiritual. Al pasar el objeto por el humo, el wiccano lo prepara para recibir las vibraciones de los planos sutiles y para convertirse en un medio de comunicación entre el mundo material y el espiritual. El incienso limpia y eleva el objeto, imbuyéndolo con la ligereza y la claridad necesarias para que pueda actuar como un canal de energía y de intención. La fragancia del incienso también crea un ambiente sagrado, un espacio de respeto y de paz que favorece el acto de consagración.

Después de la purificación, el practicante dedica el objeto a un propósito específico, a menudo pronunciando palabras que expresen su intención y su deseo de que el objeto se convierta en una herramienta de poder y de sanación. Este paso de dedicación es una declaración de la voluntad del practicante, una manera de cargar el objeto con la energía y con el propósito que el wiccano desea manifestar. Las palabras utilizadas en la dedicación pueden ser simples o elaboradas, lo importante es que reflejen la intención sincera del practicante y que resuenen en su corazón. Al dedicar el objeto, el wiccano establece un vínculo personal y espiritual con él, transformándolo en una extensión de su propio ser y en un compañero en el camino mágico.

La consagración no se limita a objetos inanimados; puede extenderse también a la naturaleza misma y a los espacios en los que el wiccano realiza sus rituales. En la Wicca, los espacios consagrados, como el altar o el círculo sagrado, se convierten en lugares de poder, en áreas donde las energías se concentran y donde la conexión con lo divino es más intensa. Estos espacios se preparan y se purifican regularmente, y cada elemento que forma parte de ellos es consagrado con respeto y con intención. La consagración del espacio sagrado permite al wiccano crear un ambiente de armonía, de seguridad y de protección, donde puede realizar sus rituales y hechizos sin interferencias ni distracciones.

Además de la consagración inicial, muchos wiccanos realizan rituales de reconsecración periódicos, especialmente en herramientas que se utilizan con frecuencia o en aquellas que han absorbido grandes cantidades de energía. La reconsecración es una manera de renovar la conexión entre el objeto y el practicante, de fortalecer el vínculo y de liberar cualquier energía acumulada que pueda afectar su efectividad. Este acto de reconsecración es una muestra de respeto hacia la herramienta, un recordatorio de que, aunque los objetos pueden ser canales de poder, el verdadero poder proviene del vínculo que el practicante establece con ellos y del cuidado que pone en su mantenimiento.

La consagración mágica es, en última instancia, un acto de comunión entre el practicante y el universo. Al consagrar una herramienta o un espacio, el wiccano afirma su intención de vivir en armonía con las fuerzas naturales, de respetar lo sagrado en cada objeto y en cada acto, y de utilizar su poder para el bien de todos. La consagración es un acto de respeto y de gratitud hacia las herramientas y hacia el poder que éstas representan, una afirmación de que cada objeto tiene un propósito y una energía únicos, y de que todo en el universo es digno de veneración y de cuidado.

A través de la consagración, el wiccano convierte cada acto ritual en una expresión de amor y de devoción hacia lo divino. Cada herramienta, cada piedra y cada espacio se transforma en una extensión del propio ser, un símbolo de la conexión del practicante con la tierra, con el cielo y con el espíritu. La consagración es un recordatorio de que cada objeto puede ser un canal de poder, y de que, al cuidar de nuestras herramientas y al honrar nuestros espacios sagrados, también cuidamos de nosotros mismos y fortalecemos nuestro vínculo con el universo.

Capítulo 11
Altar Vivo

En el camino de la Wicca, el altar es mucho más que un lugar físico; es un espacio sagrado donde se concentran las energías y donde el practicante crea un vínculo entre el mundo visible y el espiritual. Este altar no es estático, sino un "altar vivo" que se adapta y evoluciona con las estaciones, reflejando los ciclos de la naturaleza y la conexión del wiccano con la tierra y con el universo. La práctica de mantener un altar vivo permite al practicante experimentar la renovación constante y la transformación que caracterizan el flujo de la vida, creando un espacio donde la magia y la reverencia hacia la naturaleza se encuentran en equilibrio y en armonía.

El altar wiccano es el lugar donde el practicante dispone sus herramientas rituales, elementos naturales y símbolos de las deidades. Cada objeto y cada detalle en el altar tienen un propósito y un significado. En este espacio, se representa la unión de los elementos y se honra la presencia de la Diosa y del Dios. Para crear un altar vivo, el wiccano comienza con una estructura que represente su conexión con la tierra, el agua, el fuego y el aire. Tradicionalmente, estos elementos se colocan en distintas partes del altar, cada uno en su dirección cardinal: el norte para la tierra, el oeste para el agua, el sur para el fuego y el este para el aire.

La creación de un altar vivo implica una conexión activa con los ciclos de la naturaleza. Con cada estación, el wiccano cambia y adapta su altar para reflejar los cambios de la tierra. En primavera, el altar puede decorarse con flores frescas y ramas nuevas, símbolos de renovación y de crecimiento. Los colores vibrantes como el verde y el amarillo representan la energía de la nueva vida, y las semillas o los brotes se colocan para honrar el nacimiento de la naturaleza. Durante el verano, el altar se transforma nuevamente, añadiendo elementos que simbolicen la plenitud de la tierra, como frutas, hierbas frescas y flores de colores cálidos. Esta práctica no solo embellece el altar, sino que permite al practicante experimentar y celebrar la energía de cada estación en su espacio sagrado.

En otoño, el altar se adorna con hojas secas, calabazas, nueces y otros símbolos de la cosecha. Los tonos de naranja, marrón y dorado representan la abundancia y la gratitud por los frutos de la tierra. En esta época, el wiccano puede reflexionar sobre los logros y sobre la cosecha personal que ha cultivado en su vida. En invierno, el altar se viste con elementos que representan la introspección y el descanso. Ramas de pino, piñas y velas de tonos fríos reflejan la calma y la quietud de esta estación, un tiempo de retiro y de conexión con las energías internas.

El altar vivo también incluye símbolos de la Diosa y del Dios, representaciones de la dualidad divina que rige el ciclo natural. La Diosa, en su aspecto lunar, y el Dios, en su representación solar, están siempre presentes en el altar, a menudo representados por estatuillas, piedras o velas. Durante la primavera y el verano, el altar refleja el crecimiento y el esplendor de ambos aspectos divinos. En otoño e invierno, representa la retirada del Dios y la introspección de la Diosa, siguiendo el ciclo de vida, muerte y renacimiento que se observa en la naturaleza. Este enfoque permite al wiccano honrar y experimentar la energía de la divinidad en su altar de acuerdo con los ritmos de la tierra.

El altar vivo también puede ser una expresión personal de la relación del wiccano con los elementos naturales que lo rodean. Muchos practicantes eligen recolectar elementos directamente de la naturaleza para su altar, como piedras, hojas, flores y agua de manantiales. Esta conexión con el entorno cercano fortalece el vínculo con la tierra y con las energías locales, convirtiendo el altar en un espacio único y profundamente personal. Cada elemento que se coloca en el altar tiene una historia, una intención y una energía particular, y el acto de recolectar y de disponer estos elementos es una expresión de respeto y de amor hacia la naturaleza.

El mantenimiento de un altar vivo es un acto continuo, un compromiso con la naturaleza y con la práctica espiritual. En cada estación, el wiccano se toma el tiempo de limpiar su altar, de retirar los elementos que ya no reflejan la energía actual y de incorporar aquellos que representen la vibración de la nueva estación. Este acto de limpieza y de renovación permite que el altar mantenga su vitalidad y su poder, eliminando cualquier energía estancada y permitiendo que el flujo de la energía natural circule sin interrupciones. La limpieza del altar es, en sí misma, un ritual, un momento de conexión con la propia práctica y de renovación de la intención.

El altar vivo no es solo un lugar para los rituales; es también un espacio de meditación y de contemplación. Al sentarse frente al altar, el wiccano puede entrar en un estado de paz y de silencio interior, conectándose con los elementos, con las estaciones y con su propia esencia espiritual. La presencia de los símbolos y de los elementos naturales en el altar permite que el practicante experimente la belleza y el misterio de la vida en cada momento. La meditación frente al altar es una práctica que profundiza la conexión con lo divino y que permite al wiccano sentir la presencia de la Diosa y del Dios en su vida cotidiana.

Al crear y mantener un altar vivo, el wiccano también aprende el valor de la adaptabilidad y de la aceptación de los ciclos de cambio. Así como el altar cambia con las estaciones, el practicante experimenta también sus propios ciclos de crecimiento, de plenitud, de cosecha y de introspección. El altar vivo se convierte en un espejo del viaje interno del wiccano, un recordatorio de que la vida es un proceso de constante transformación y de que cada etapa tiene su propia belleza y su propio propósito. Este entendimiento permite al practicante vivir en armonía con el flujo de la vida, aceptando los cambios y celebrando cada momento como una oportunidad para aprender y para crecer.

El altar vivo es una expresión de gratitud. Cada vez que el wiccano añade un nuevo elemento a su altar, está honrando el don de la naturaleza y de la vida misma. La práctica de decorar y de cuidar el altar es una manera de agradecer a la tierra, al sol, a la luna y a todos los elementos por su presencia y su apoyo en el viaje espiritual. El altar vivo es un espacio de ofrenda, un lugar donde el practicante puede expresar su amor y su respeto hacia el universo y hacia las fuerzas que sostienen toda existencia.

En este sentido, el altar vivo no es solo un lugar de poder; es también un símbolo del compromiso del wiccano con la naturaleza y con el universo. Cada elemento, cada objeto y cada símbolo en el altar representa un aspecto de la vida y de la conexión del practicante con el mundo espiritual. El altar vivo es un recordatorio constante de que el universo está vivo, de que la naturaleza es sagrada y de que cada instante es una oportunidad para honrar y para experimentar el milagro de la existencia.

Capítulo 12
Arsenal Mágico

En la práctica de la Wicca, cada herramienta mágica es mucho más que un objeto; es un puente entre el practicante y el poder invisible que reside en la naturaleza y en el universo. Este conjunto de herramientas es conocido como el "arsenal mágico," y en él cada elemento tiene una función específica que contribuye a la manifestación de la voluntad y de la intención del wiccano. Utilizadas con respeto y con una clara comprensión de sus significados, estas herramientas permiten al practicante sintonizarse con las energías que desea trabajar en sus rituales y hechizos, facilitando la conexión entre lo material y lo espiritual.

El uso del arsenal mágico no se basa en la cantidad de herramientas que posea el practicante, sino en la calidad de la relación que establece con cada una de ellas. En la Wicca, el poder no proviene de los objetos en sí, sino de la intención y de la energía que el wiccano proyecta a través de ellos. Las herramientas son conductos de poder, símbolos físicos de la conexión con la tierra, con los elementos y con lo divino, y a través de su uso, el wiccano estructura y dirige su energía de una manera efectiva y consciente.

Una de las herramientas principales en el arsenal mágico es el athame, el cuchillo ritual de doble filo que representa el elemento fuego y la fuerza de la voluntad. El athame se utiliza para trazar el círculo mágico, un espacio sagrado y de protección donde el practicante realiza sus rituales. También se emplea para dirigir la energía y para marcar los límites de los rituales, definiendo el espacio donde las energías se concentran y donde la magia se manifiesta. El wiccano, al sostener el athame, canaliza su intención y su voluntad, utilizando esta herramienta para afirmar su poder y su compromiso con su trabajo espiritual.

El cáliz es otra herramienta central en la Wicca y representa el elemento agua, la receptividad y el aspecto femenino de la divinidad. El cáliz, que suele colocarse en el altar durante los rituales, contiene agua o vino y simboliza el vientre de la Diosa, la fuente de vida y de creación. En algunos rituales, el cáliz se utiliza en combinación con el athame en un acto simbólico de unión entre lo femenino y lo masculino, representando la fertilidad y la creación. La presencia del cáliz en el altar permite al wiccano experimentar la energía del amor, de la intuición y de la conexión con la divinidad, recordando que la fuerza de la creación reside en la receptividad y en la apertura hacia lo sagrado.

La varita es una herramienta de gran importancia en la práctica wiccana y representa el elemento aire y la conexión con el mundo de las ideas, de los sueños y de la comunicación espiritual. La varita es utilizada para invocar a los espíritus, para dirigir la energía en los rituales y para llamar a las deidades. Al elegir su varita, el wiccano suele buscar un tipo de madera específica, como roble, sauce, avellano o abedul, cada una de las cuales aporta una energía particular. A través de la varita, el practicante se sintoniza con el flujo de la energía del aire, desarrollando una conexión con las fuerzas invisibles y con el conocimiento profundo que habita en el universo.

El pentáculo es otro elemento esencial del arsenal mágico, un disco plano sobre el cual está grabada la estrella de cinco puntas, un símbolo de la armonía de los cuatro elementos en unión con el espíritu. El pentáculo representa el elemento tierra y se asocia con la estabilidad, la protección y la abundancia. En los rituales, el pentáculo se utiliza como altar para las ofrendas, para cargar objetos y para consagrar otros elementos. Al trabajar con el pentáculo, el wiccano fortalece su conexión con la tierra y con las fuerzas que proporcionan seguridad y apoyo. Esta herramienta actúa como un ancla, una representación de la estabilidad y del enraizamiento que permiten que el practicante se mantenga firme y en equilibrio mientras trabaja con las energías sutiles.

El incienso, aunque aparentemente simple, es una herramienta poderosa en la Wicca y se asocia con el elemento aire. Su fragancia, al quemarse, crea un ambiente sagrado y facilita la conexión con el mundo espiritual. El incienso purifica el espacio y ayuda al practicante a concentrarse, elevando su mente y su espíritu a un estado de receptividad. Al elegir el incienso, el wiccano considera el tipo de energía que desea atraer: el sándalo para la paz, la lavanda para la claridad, el romero para la protección, entre otros. Cada aroma tiene una vibración que sintoniza al practicante con el propósito del ritual y le permite conectar con los aspectos sagrados del aire y de la comunicación espiritual.

Las velas son también elementos esenciales en el arsenal mágico y se asocian con el elemento fuego. En la Wicca, el fuego es una fuerza de transformación, de claridad y de iluminación. Las velas representan la luz de la intención del wiccano y actúan como focos de energía que guían el propósito del ritual. Cada color de vela tiene un significado específico: el blanco para la pureza y la paz, el verde para la abundancia y la salud, el rojo para la pasión y la fuerza. Al encender una vela, el practicante establece una intención y enfoca su energía en el deseo que desea manifestar. La luz de la vela es, además, un símbolo de la presencia divina, una representación de la chispa de vida que ilumina el alma y que conecta al wiccano con la energía universal.

Las piedras y los cristales también forman parte del arsenal mágico, cada uno de ellos con una vibración y un poder particular. Los cristales se utilizan en la Wicca para amplificar la energía, para equilibrar los centros energéticos y para apoyar el trabajo de sanación. Cada cristal posee una afinidad con determinadas energías: la amatista para la claridad y la espiritualidad, el cuarzo rosa para el amor y la compasión, el jaspe rojo para la fuerza y la protección. Al trabajar con cristales, el wiccano los limpia y los consagra, imbuyéndolos con su intención y colocándolos en el altar o en el espacio ritual para que actúen como amplificadores de la energía.

Otros elementos naturales, como conchas, plumas, hojas y ramas, también se incluyen en el arsenal mágico del wiccano. Estos objetos representan la conexión del practicante con el entorno y con los elementos naturales que le rodean. Las plumas, por ejemplo, son símbolos del aire y de la libertad, y se utilizan para limpiar el espacio y para conectar con las energías sutiles. Las conchas, asociadas con el agua, representan la paz, la introspección y la fluidez. Cada elemento natural es una expresión de la vida y de la energía de la tierra, y al incluirlos en su altar o en su espacio ritual, el wiccano honra la conexión con los ciclos y con los espíritus de la naturaleza.

El caldero es una herramienta de gran simbolismo en la Wicca, una representación de la Diosa, de la transformación y del renacimiento. El caldero se utiliza en rituales para contener el fuego, el agua o las hierbas, y simboliza el útero de la creación y el misterio de la vida y de la muerte. En los rituales, el caldero puede emplearse para quemar papeles o hierbas como acto de purificación, para contener agua en los rituales de reflexión o para servir como recipiente en los rituales de renovación. El caldero recuerda al wiccano que la muerte y la vida son dos aspectos de un mismo ciclo, un símbolo de la eternidad y del poder de la transformación.

El arsenal mágico no se define por la cantidad de herramientas que posee el wiccano, sino por el respeto y la intención con que las utiliza. Cada herramienta es un compañero, una extensión de la energía del practicante y un medio para expresar su voluntad y su amor por el universo. En la Wicca, el arsenal mágico es un recordatorio de que cada acto puede ser sagrado, y de que el verdadero poder no reside en los objetos en sí, sino en la conexión del practicante con la naturaleza y con lo divino.

El uso de este arsenal mágico no solo permite al wiccano trabajar con las energías de manera eficaz, sino también experimentar la magia como una realidad viva, una expresión de la armonía entre el ser humano y el universo. Cada herramienta es un símbolo de la relación entre el practicante y las fuerzas invisibles que mueven la vida, una afirmación de que la magia no es un acto aislado, sino una danza sagrada con el mundo.

Capítulo 13
Lenguaje Verde

Para los wiccanos, el reino vegetal es mucho más que un conjunto de seres vivos; es un mundo sagrado lleno de sabiduría, de energía y de enseñanzas profundas. Las plantas y los árboles son considerados aliados en el camino espiritual, seres que hablan en un lenguaje propio y antiguo, un lenguaje que resuena en el silencio del bosque, en el susurro de las hojas y en el aroma de las flores. En la Wicca, este "lenguaje verde" es la forma en que la naturaleza se comunica con aquellos que están dispuestos a escuchar, un puente entre el ser humano y el espíritu de la tierra. Aprender a entender este lenguaje es esencial para el practicante, ya que permite sintonizarse con las energías sutiles de las plantas y recibir su guía en el camino mágico.

El lenguaje verde no se aprende en libros, sino en la observación, en la conexión y en la experiencia directa con las plantas. Los wiccanos creen que cada planta tiene su propia vibración y que, al igual que los seres humanos, posee una esencia única que le permite interactuar y comunicarse con el entorno. Esta esencia es la "alma" de la planta, una energía que puede percibirse a través de la sensibilidad y de la intuición. Para captar esta energía, el wiccano aprende a observar con calma y a abrir su mente y su corazón a la presencia de cada planta, permitiendo que su intuición le revele el mensaje que ésta desea compartir.

La comunicación con el reino vegetal comienza con el respeto y con la humildad. En la Wicca, no se trata de imponer la propia voluntad sobre la naturaleza, sino de establecer una relación de reciprocidad y de armonía. Al acercarse a una planta o a un árbol, el practicante se toma un momento para presentarse, para saludar y para pedir permiso antes de tomar una hoja, una flor o una rama. Este acto de respeto y de gratitud es fundamental en el lenguaje verde, ya que recuerda al wiccano que la naturaleza es un ser vivo y consciente, una presencia sagrada que merece ser honrada y cuidada.

Una de las formas en que los wiccanos se comunican con el reino vegetal es a través de la meditación y de la conexión silenciosa con las plantas. En este proceso, el practicante se sienta junto a la planta, cierra los ojos y respira profundamente, permitiendo que su mente se aquiete y que su conciencia se expanda. Al entrar en este estado de paz, el wiccano comienza a percibir la presencia de la planta, a sentir su energía y a escuchar su "voz". Esta comunicación no es verbal ni racional; es una sensación, una impresión, una comprensión intuitiva que surge del contacto directo con la esencia de la planta. A través de esta conexión, el practicante puede recibir enseñanzas y mensajes que enriquecen su vida y que lo ayudan en su camino espiritual.

Cada planta tiene su propia energía y su propio carácter, y los wiccanos aprenden a reconocer y a respetar estas cualidades. Las plantas protectoras, como el romero y el enebro, tienen una vibración fuerte y segura, que se utiliza para crear barreras de protección y para purificar espacios. Las plantas de sanación, como la lavanda y la manzanilla, tienen una energía suave y calmante, ideal para el alivio del estrés y para el trabajo de sanación emocional. Otras plantas, como el roble y el sauce, poseen una sabiduría ancestral y una energía de apoyo que ayuda al practicante a conectarse con los ciclos naturales y a recibir el conocimiento de los espíritus de la tierra.

El lenguaje verde también incluye el uso de las plantas en la práctica mágica. En la Wicca, cada planta se considera un aliado mágico que puede apoyar y amplificar las intenciones del practicante. Las hierbas y las flores se utilizan en los rituales, en los hechizos y en los amuletos, cada una seleccionada según sus propiedades y su afinidad con la intención deseada. La albahaca, por ejemplo, se asocia con la prosperidad y la abundancia, y se utiliza en hechizos para atraer buena fortuna. El laurel, símbolo de éxito y de victoria, se emplea en rituales de triunfo y de logro personal. El saúco, una planta sagrada en la Wicca, es visto como un protector poderoso y se utiliza en rituales de purificación y de protección.

Antes de recolectar una planta, el wiccano realiza una pequeña ceremonia de agradecimiento y de respeto. Esta ceremonia puede consistir en unas pocas palabras de gratitud, en una ofrenda de agua o en un simple momento de silencio y de reverencia. La práctica de pedir permiso y de expresar gratitud antes de recolectar recuerda al practicante que cada planta es un ser consciente, una vida que merece ser honrada. Al recoger una planta de manera respetuosa, el wiccano establece una relación de reciprocidad con el reino vegetal, una conexión que enriquece tanto al practicante como a la planta misma.

El secado y el almacenamiento de las hierbas es otro aspecto importante en el lenguaje verde. Después de la recolección, las plantas deben ser secadas y guardadas de manera que conserven sus propiedades y su energía. En la Wicca, el secado se realiza con cuidado, permitiendo que las hierbas pierdan su humedad de manera natural, sin exponerlas a fuentes de calor excesivas que puedan alterar su vibración. Una vez secas, las hierbas se guardan en frascos de vidrio, lejos de la luz directa y en un lugar fresco, para preservar su poder y su vitalidad. Al almacenar las hierbas, el wiccano sigue manteniendo una relación de respeto y de gratitud hacia ellas, reconociendo su valor y su contribución en el trabajo mágico.

Los árboles también ocupan un lugar especial en el lenguaje verde y en la vida del wiccano. Los árboles son considerados como seres sabios y protectores, guardianes del conocimiento y de la memoria de la tierra. Cada tipo de árbol tiene su propia energía y se asocia con diferentes aspectos de la vida y de la espiritualidad. El roble, símbolo de fuerza y de estabilidad, es un árbol sagrado en la Wicca y se considera el guardián de la sabiduría ancestral. El sauce, por otro lado, se asocia con el agua y con la luna, y su energía apoya el trabajo emocional y la conexión con el subconsciente. Al conectar con los árboles, el wiccano experimenta una sensación de paz y de arraigo, una unión con la tierra que fortalece su conexión con la naturaleza.

El lenguaje verde también se extiende al trabajo con los espíritus de las plantas, seres sutiles que habitan en el mundo vegetal y que ayudan al wiccano en su práctica mágica y en su crecimiento espiritual. Estos espíritus, conocidos en algunas tradiciones como devas o elementales de la tierra, son los guardianes y las conciencias protectoras de cada planta. Al trabajar con los espíritus de las plantas, el wiccano aprende a escuchar y a respetar sus mensajes, a comprender las necesidades y los ciclos de cada planta y a trabajar en armonía con el reino vegetal. Esta relación con los espíritus de las plantas es un aspecto sagrado del lenguaje verde, una experiencia de comunión que enriquece y que profundiza la conexión con la tierra y con la vida.

A medida que el wiccano profundiza en el lenguaje verde, aprende a ver el reino vegetal como una manifestación de la energía divina y como una fuente inagotable de sabiduría y de sanación. Las plantas se convierten en maestras y en aliadas, en guías que enseñan sobre los ciclos de la vida, sobre la renovación y sobre la fuerza que reside en la naturaleza. Al trabajar con el lenguaje verde, el practicante no solo fortalece su conexión con el mundo vegetal, sino que también desarrolla una mayor sensibilidad hacia todas las formas de vida y hacia el flujo de la energía que sostiene la existencia.

El lenguaje verde es una invitación a vivir en armonía con la naturaleza, a aprender de ella y a reconocer la sabiduría y la vida que habitan en cada hoja, en cada flor y en cada árbol. En la Wicca, el lenguaje verde es un recordatorio de que todos somos parte de un gran todo, de una red de vida que se sostiene en el respeto y en la colaboración mutua. Al aprender a comunicarse con el reino vegetal, el wiccano descubre que la naturaleza es una maestra generosa, siempre dispuesta a compartir su conocimiento con aquellos que se acercan a ella con amor y con gratitud.

Capítulo 14
Espíritus Minerales

En el camino de la Wicca, los minerales, piedras y cristales son mucho más que elementos decorativos o herramientas para los rituales; son guardianes de la energía de la tierra, concentraciones de poder que encierran en su interior la historia y la sabiduría del planeta. Los wiccanos creen que cada mineral posee un espíritu propio, una esencia que guarda las memorias de la tierra y que puede actuar como guía, protector y sanador para el practicante. Trabajar con los espíritus minerales es aprender a escuchar y a conectar con las energías que se han formado a lo largo de milenios, y que ahora se presentan como aliados en el sendero espiritual.

Cada mineral tiene una frecuencia vibratoria particular que influye en el cuerpo energético del practicante, actuando sobre sus emociones, pensamientos y espíritu. Los cristales y las piedras, con sus diferentes formas y colores, contienen propiedades específicas que los wiccanos aprovechan para potenciar sus intenciones y para armonizar sus energías. Desde la amatista, que promueve la paz y la claridad mental, hasta el cuarzo transparente, que amplifica la energía de quien lo usa, cada cristal es un compañero de viaje que aporta sus cualidades para el crecimiento y el bienestar del practicante.

La relación entre el wiccano y los minerales comienza con la observación y con el respeto. En la Wicca, no se concibe el uso de un cristal o de una piedra sin una conexión consciente con su energía y sin un reconocimiento de su valor. Cuando un wiccano elige un mineral, lo hace no solo por su apariencia o por sus propiedades, sino porque siente una resonancia profunda, una intuición de que ese mineral específico tiene un mensaje o una energía que necesita en su vida. Esta elección intuitiva permite que el practicante y el mineral establezcan un vínculo de afinidad y de mutuo apoyo.

El primer paso en el trabajo con un mineral es su limpieza y purificación. Los cristales y piedras que llegan al altar del wiccano han recorrido un largo camino, pasando por diferentes manos y absorbiendo energías diversas. En la Wicca, se enseña que todo mineral debe ser limpiado antes de su uso ritual para liberarlo de cualquier carga energética acumulada y para prepararlo para su propósito sagrado. Esta limpieza puede realizarse con agua de manantial, sal, humo de incienso o bajo la luz de la luna. Cada método de limpieza se adapta a la naturaleza del mineral; algunos cristales, por ejemplo, no deben sumergirse en agua o en sal, pues pueden dañarse.

Después de la limpieza, el wiccano consagra el mineral, dedicándolo a un propósito específico y estableciendo una conexión espiritual con su esencia. La consagración es un acto de respeto y de intención que permite al practicante transformar el mineral en una herramienta sagrada, cargándolo con su energía y alineándolo con su voluntad. Durante este proceso, el wiccano puede sostener el mineral entre sus manos, cerrando los ojos y visualizando una luz que lo rodea y que lo llena de pureza y de propósito. A través de este acto de consagración, el mineral se convierte en un aliado consciente, en una extensión de la energía del practicante y en un canal para sus intenciones.

Los wiccanos utilizan los minerales en diferentes tipos de trabajo mágico y espiritual, dependiendo de sus propiedades y de la energía que aportan. El cuarzo rosa, por ejemplo, es conocido por su vibración de amor y de compasión, y se utiliza en rituales de sanación emocional y de apertura del corazón. La amatista, con su energía de paz y de claridad, es ideal para la meditación y para los trabajos de conexión espiritual. La obsidiana, una piedra de protección y de transformación, ayuda al practicante a enfrentar las sombras y a liberar bloqueos emocionales. Cada mineral tiene su propia "personalidad" y sus afinidades, y al trabajar con ellos, el wiccano descubre cómo aprovechar sus cualidades para enriquecer su vida y su práctica.

El uso de cristales en el altar es una práctica común en la Wicca, ya que estos minerales actúan como amplificadores y estabilizadores de energía. Al colocar un cristal en el altar, el wiccano no solo embellece su espacio sagrado, sino que también establece un punto de concentración energética que potencia el trabajo ritual. Algunos cristales, como el cuarzo claro, se colocan en el centro del altar para amplificar la energía de todos los elementos presentes, mientras que otros, como la amatista o el citrino, pueden ubicarse en lugares específicos para invocar sus cualidades particulares. La disposición de los minerales en el altar es una manera de sintonizar el espacio sagrado con las intenciones del ritual y con las energías que el practicante desea invocar.

Además del trabajo en el altar, los minerales se utilizan en la Wicca para la sanación energética, una práctica que busca restaurar el equilibrio del cuerpo y del espíritu mediante la aplicación de cristales sobre los centros de energía, o chakras. Cada chakra está asociado con un color y con una vibración específica, y los cristales se seleccionan en función de su afinidad con cada uno de estos centros. Al colocar un cristal sobre el chakra correspondiente, el wiccano permite que la energía del mineral interactúe con la energía del cuerpo, liberando bloqueos, revitalizando el flujo de energía y promoviendo un estado de armonía y de paz interior.

El trabajo con los espíritus minerales también incluye la meditación con cristales, una práctica que permite al wiccano sintonizarse profundamente con la esencia del mineral y recibir sus enseñanzas. En esta meditación, el practicante sostiene el cristal en sus manos, cerrando los ojos y respirando lentamente, permitiendo que su mente se aquiete y que su conciencia se abra a la vibración del mineral. A través de esta conexión, el wiccano puede recibir impresiones, sensaciones o imágenes que le revelen el mensaje o la sabiduría que el mineral desea compartir. Esta comunicación sutil es una experiencia personal y única, una forma de comunión con la tierra y con el espíritu del cristal.

Además de los cristales, los wiccanos también trabajan con piedras naturales, cada una con su propia energía y su propia conexión con el entorno. Las piedras de río, las piedras volcánicas y las piedras de montañas poseen una fuerza especial, una energía arraigada que conecta al practicante con los elementos de la tierra y con la estabilidad y la fortaleza de la naturaleza. Estas piedras, al igual que los cristales, pueden ser consagradas y utilizadas en el altar o en los rituales, actuando como anclas de energía que fortalecen y estabilizan el espacio sagrado. En la Wicca, se considera que cada piedra es un regalo de la tierra, una manifestación de su poder y de su generosidad.

El vínculo entre el wiccano y los minerales es un lazo de respeto y de gratitud. Al trabajar con cristales y piedras, el practicante reconoce que cada mineral es una creación de la tierra, una presencia sagrada que merece ser tratada con amor y con respeto. Los wiccanos evitan el uso innecesario o excesivo de minerales, y cuando adquieren un cristal, lo hacen con la intención de cuidarlo y de honrarlo como un aliado en su camino espiritual. Esta relación de respeto y de reciprocidad permite que el mineral mantenga su energía y su efectividad, y que el practicante pueda beneficiarse de su poder y de su sabiduría.

El estudio y el uso de los espíritus minerales en la Wicca es, en última instancia, un camino de autodescubrimiento y de conexión con la tierra. Al aprender a trabajar con los minerales, el wiccano descubre una dimensión de la naturaleza que le permite experimentar la energía de la tierra en su forma más pura y poderosa. Los cristales y las piedras se convierten en compañeros de viaje, en guías y en protectores, recordando al practicante que todo en la naturaleza está vivo y que cada piedra guarda un misterio, una historia y una enseñanza.

En este camino, el lenguaje de los minerales es un recordatorio de que el poder de la tierra está siempre presente, disponible para quienes lo buscan con humildad y con gratitud. Al trabajar con los espíritus minerales, el wiccano aprende a respetar y a honrar la sabiduría de la tierra, descubriendo que, en cada cristal y en cada piedra, se encuentra un fragmento de la verdad eterna y del poder sagrado que da vida a todo el universo.

Capítulo 15
Aliados Animales

Dentro del sendero de la Wicca, los animales no son meramente criaturas del mundo físico; son aliados espirituales y seres conscientes que reflejan aspectos profundos de la naturaleza y del alma humana. En la práctica wiccana, los animales, ya sean físicos o en forma espiritual, se consideran guías y protectores, acompañantes en el viaje mágico y espiritual. Estos "aliados animales" pueden ofrecer enseñanzas, protección y apoyo, y representan una conexión directa con el instinto, con la sabiduría natural y con la esencia salvaje que todos llevamos dentro.

Cada especie animal posee una energía única, una esencia que simboliza una lección o un atributo que el practicante puede integrar en su vida. Los wiccanos creen que cada persona tiene un "animal de poder" o un "animal guía," un espíritu protector que se asocia con su personalidad, su camino y sus desafíos. Este aliado puede manifestarse en los sueños, en las meditaciones o a través de encuentros repetidos en la vida cotidiana. Identificar y conocer a este animal guía es un proceso de autodescubrimiento que fortalece la conexión del wiccano con el reino animal y le ayuda a integrar sus cualidades en su propio ser.

El primer paso para descubrir a un aliado animal en la Wicca es la observación y la apertura a los mensajes de la naturaleza. Los animales pueden aparecer en el camino del practicante de diferentes maneras: un ave que llama su atención repetidamente, un sueño en el que un animal específico se comunica o incluso un encuentro en un momento significativo de la vida. Estos eventos no son vistos como coincidencias, sino como señales que el wiccano interpreta y estudia para comprender el mensaje que ese animal le trae. En el camino wiccano, se enseña que cada encuentro con un animal es una oportunidad para aprender y para conectar con el espíritu de esa especie y con las enseñanzas que ofrece.

Una de las técnicas para conectar con un aliado animal es la meditación. En esta práctica, el wiccano se sienta en un espacio tranquilo, cierra los ojos y respira profundamente para aquietar su mente y abrir su conciencia. A través de la visualización, el practicante se imagina caminando por un bosque, una llanura o un paisaje natural, y permite que su mente se abra a la posibilidad de un encuentro con su animal de poder. A medida que avanza en su visualización, el wiccano puede ver o sentir la presencia de un animal, que se acerca para ofrecerle su guía. Este encuentro espiritual es una forma de conexión profunda, una comunión con el espíritu del animal que permite al practicante recibir su energía y su sabiduría.

Cada animal posee cualidades específicas y una lección particular. Por ejemplo, el lobo representa la lealtad, la intuición y la conexión con la familia, y es un símbolo de valentía y de trabajo en grupo. El búho, por otro lado, es un símbolo de sabiduría y de percepción espiritual, una guía en los momentos de introspección y de búsqueda de conocimiento. El ciervo, con su energía de gracia y de sensibilidad, enseña la importancia de la gentileza y de la conexión con el entorno. Cada animal guía ofrece una enseñanza que el wiccano puede aplicar en su vida, una inspiración que le recuerda sus propias habilidades y su potencial.

Además de los animales guía, los wiccanos también reconocen a los "familiares," que son compañeros animales en el mundo físico que comparten su vida cotidiana. Los familiares suelen ser gatos, perros, pájaros u otros animales domésticos que tienen una conexión especial con el practicante y que participan de manera activa en su vida espiritual. En la tradición wiccana, se cree que los familiares poseen una sensibilidad especial hacia las energías y que son capaces de percibir y proteger el espacio del practicante. Los familiares, al ser compañeros cercanos y leales, ayudan a proteger el hogar y a mantener el equilibrio energético, ofreciendo su compañía y su apoyo en el camino mágico.

Para los wiccanos, la relación con los familiares no es una de posesión, sino de mutua colaboración y respeto. Se considera que estos animales están en la vida del practicante por una razón especial, y que tienen una conexión natural con la energía mágica. Muchos practicantes notan que sus familiares se acercan a ellos durante los rituales, que parecen entender el momento sagrado y que aportan su propia energía a la ceremonia. Esta relación es una expresión de amor y de respeto mutuo, un recordatorio de que los animales tienen su propio papel en el mundo espiritual y de que pueden ser compañeros y protectores en el camino de la Wicca.

El trabajo mágico con los aliados animales incluye también la interpretación de los mensajes y las señales que los animales pueden ofrecer. Por ejemplo, observar a un halcón volando en círculos sobre el practicante puede interpretarse como un mensaje de claridad mental y de visión superior. El encuentro repetido con un zorro puede ser una señal de astucia y de adaptación, una invitación a ser flexible y a aprovechar las oportunidades. Los wiccanos creen que los animales se presentan en sus vidas para transmitir mensajes y para guiar sus decisiones, y que al prestar atención a sus apariciones y comportamientos, el practicante puede obtener orientación en momentos de duda o de cambio.

Además de los encuentros físicos y de las meditaciones, los wiccanos también pueden trabajar con los espíritus animales a través de los amuletos y de los símbolos. Llevar una pluma, un colmillo o un símbolo relacionado con el animal guía es una forma de mantener su energía cerca y de invocar su presencia en la vida diaria. Estos amuletos actúan como recordatorios de las cualidades que el practicante desea fortalecer en sí mismo y como símbolos de protección y de guía. Al portar estos objetos, el wiccano se conecta con el espíritu del animal y con su poder, integrando sus enseñanzas en su vida cotidiana y en su práctica espiritual.

El respeto y la gratitud hacia los aliados animales son esenciales en la Wicca. Al trabajar con los animales, ya sea en el plano físico o espiritual, el practicante muestra siempre una actitud de humildad y de aprecio, sabiendo que estos seres son manifestaciones de la energía divina y que poseen una sabiduría propia. El wiccano reconoce que los animales tienen su propia existencia y su propio propósito, y que su relación con ellos debe basarse en el respeto mutuo y en el amor hacia la naturaleza. Este respeto se extiende a todos los animales, independientemente de su tamaño o de su importancia en la vida del practicante, pues cada ser tiene un valor único y una energía sagrada.

En la Wicca, los aliados animales enseñan que la naturaleza es un gran espejo de nuestra propia esencia, un reflejo de los instintos, de los deseos y de las emociones que habitan en el alma humana. Al observar y al aprender de los animales, el wiccano descubre aspectos de sí mismo que permanecen ocultos, fuerzas y habilidades que pueden ser desarrolladas e integradas. La relación con los aliados animales es, en este sentido, un proceso de autoconocimiento, una forma de descubrir la propia naturaleza y de honrar el espíritu salvaje y libre que todos llevamos dentro.

Trabajar con los aliados animales es, en última instancia, un acto de comunión con el universo y con el flujo de la vida. Los animales nos enseñan a vivir en el presente, a aceptar los ciclos de la vida y a actuar de acuerdo con nuestra verdadera naturaleza. En la Wicca, el lenguaje de los animales es un recordatorio de que todos somos parte de un todo mayor, de que cada ser tiene un propósito y de que la sabiduría se encuentra en cada rincón de la naturaleza. Al conectar con los aliados animales, el wiccano descubre que la verdadera magia no es una habilidad externa, sino una experiencia de unidad y de armonía con el espíritu de la tierra.

Capítulo 16
Elementales Naturales

En el corazón de la Wicca, la conexión con los espíritus de la naturaleza es fundamental, y entre estos espíritus destacan los elementales, guardianes y manifestaciones de las fuerzas primordiales de la tierra, el aire, el fuego y el agua. Los wiccanos creen que los elementales son entidades que personifican las energías de los cuatro elementos, y que trabajan en comunión con la tierra, manteniendo el equilibrio y la vitalidad de la naturaleza. Estos seres, aunque invisibles para la mayoría, están presentes en cada rincón del mundo natural y se manifiestan en las características de su respectivo elemento. Para el practicante de la Wicca, entrar en contacto y armonía con los elementales es un paso importante en su crecimiento espiritual, pues le permite profundizar en la comprensión y en la experiencia de las fuerzas que sostienen la vida.

Cada elemental es el espíritu que habita y personifica un elemento específico, y posee cualidades y características únicas. Los wiccanos identifican cuatro tipos principales de elementales: gnomos, sílfides, salamandras y ondinas, cada uno asociado con uno de los elementos. Aunque estas entidades pueden no ser visibles en el sentido físico, su energía y su presencia pueden percibirse a través de la intuición y de una sensibilidad desarrollada hacia el entorno natural. Para el wiccano, trabajar con los elementales es una forma de sintonizarse con las energías del mundo, de aprender de sus sabidurías y de alinear sus propios deseos con el flujo de la naturaleza.

Los gnomos son los elementales de la tierra, guardianes de todo lo sólido y material. Se asocian con la estabilidad, la seguridad y el enraizamiento, y se cree que habitan en las rocas, en los minerales y en las raíces de los árboles. Estos seres, de energía densa y profunda, representan la fuerza de la tierra y la sabiduría que se acumula en las profundidades del planeta. En la práctica wiccana, los gnomos ayudan al practicante a conectarse con el suelo y con su propio sentido de estabilidad y de propósito. Su energía es protectora y sustentadora, y puede ayudar al wiccano a fortalecer sus intenciones, a trabajar en la prosperidad y a arraigar sus sueños en la realidad. Al invocar a los gnomos, el practicante busca aprender la paciencia y la persistencia, cualidades necesarias para el crecimiento y para la creación en el plano físico.

Las sílfides son los elementales del aire, seres de naturaleza ligera y etérea que habitan en el viento, en las nubes y en el susurro de las hojas. Representan la mente, la comunicación y la inspiración, y se les asocia con la claridad mental y con la libertad. Las sílfides son percibidas como espíritus ágiles y sabios, capaces de elevar el pensamiento y de expandir la conciencia. En los rituales, el wiccano invoca a las sílfides para estimular la creatividad, para obtener claridad en sus pensamientos y para facilitar la comunicación con el mundo espiritual. Su energía ligera y dinámica ayuda al practicante a liberar pensamientos limitantes y a abrir su mente a nuevas posibilidades. Las sílfides enseñan que la mente debe ser libre y que el conocimiento puede llegar a través de la intuición y de la observación del mundo natural.

Las salamandras son los elementales del fuego, espíritus que representan la pasión, la transformación y la energía pura. Se dice que habitan en las llamas, en el calor del sol y en el poder volcánico de la tierra. Su energía es intensa y poderosa, una fuerza que puede destruir y crear al mismo tiempo. En la Wicca, las salamandras son invocadas para aportar valor, inspiración y fuerza de voluntad. Son los guardianes de la llama interna, de la pasión que impulsa al wiccano a actuar y a transformar su vida. Al trabajar con las salamandras, el practicante busca encender su propia chispa de creatividad y de propósito, aprendiendo que el fuego, aunque poderoso, debe manejarse con respeto y equilibrio.

Las salamandras enseñan que el poder del cambio reside en cada uno, y que la voluntad puede manifestar grandes transformaciones.

Las ondinas son los elementales del agua, seres asociados con las emociones, la intuición y el fluir de la vida. Habitan en los ríos, en los lagos, en el mar y en las gotas de lluvia. Las ondinas representan la profundidad del alma, la sensibilidad y la capacidad de sanar a través de las emociones. Su energía es suave pero intensa, y ayuda al wiccano a entrar en contacto con su mundo interior, a explorar sus sentimientos y a sanar heridas emocionales. En la Wicca, las ondinas son invocadas para facilitar la introspección, la sanación emocional y el amor incondicional. Al trabajar con las ondinas, el practicante aprende a fluir con las corrientes de la vida y a confiar en sus emociones como guía en su camino espiritual. Las ondinas enseñan que la verdadera fortaleza reside en la aceptación y en la empatía, y que la vida es un flujo constante que debe abrazarse sin miedo.

El trabajo con los elementales en la Wicca no es una cuestión de dominio o de control, sino de respeto y de colaboración. Los wiccanos reconocen que estos espíritus son manifestaciones sagradas de la energía universal y que merecen ser tratados con reverencia. Antes de invocar a los elementales, el practicante se asegura de haber purificado su espacio y de haber creado un ambiente de respeto, donde las energías puedan fluir en armonía. En muchas tradiciones, se recomienda hacer una ofrenda a los elementales, como una pequeña cantidad de sal para los gnomos, incienso para las sílfides, una vela para las salamandras y agua pura para las ondinas, como un acto de gratitud y de invitación a colaborar en el ritual.

En la Wicca, los elementales también actúan como protectores del círculo mágico, el espacio sagrado que el practicante crea para realizar sus rituales y hechizos. Al trazar el círculo, el wiccano llama a los elementales para que custodien cada uno de los puntos cardinales, formando una barrera de protección y de equilibrio. Los gnomos se invocan en el norte, las sílfides en el este, las salamandras en el sur y las ondinas en el oeste, formando un cuadrado de energías que sostiene el círculo y que mantiene su integridad durante el ritual. Esta práctica fortalece la conexión del wiccano con los elementos y permite que el espacio sagrado se llene de las cualidades y de la protección de los elementales.

La relación con los elementales es una experiencia de crecimiento personal y de armonización con el mundo natural. Cada uno de estos espíritus enseña al practicante una lección única sobre la vida y sobre la energía que fluye en la tierra. Los gnomos enseñan la importancia de la paciencia y de la conexión con las raíces, las sílfides inspiran la claridad y la expansión de la mente, las salamandras avivan la pasión y el poder de transformación, y las ondinas guían en el viaje emocional y en la intuición. Al integrar estas enseñanzas, el wiccano descubre que él mismo es un reflejo de los elementos, y que su propia naturaleza incluye la estabilidad de la tierra, la fluidez del agua, la energía del fuego y la libertad del aire.

A medida que el wiccano profundiza en su relación con los elementales, aprende a escuchar el susurro de la naturaleza, a percibir los cambios en la atmósfera y a comprender los mensajes que estos espíritus transmiten. Los elementales se convierten en sus guías y en sus protectores, seres que le recuerdan que la vida es sagrada y que el poder de la naturaleza está siempre presente y disponible. Trabajar con los elementales es, en última instancia, una experiencia de unidad y de respeto por el mundo que nos rodea, una invitación a vivir en sintonía con las fuerzas que sostienen la creación y que dan vida a todo lo que existe.

Capítulo 17
Tiempo Sagrado

En el sendero de la Wicca, el tiempo no es solo una medida lineal, sino un ciclo vivo que se despliega a través de las estaciones, las fases de la luna y los ritmos de la tierra. Este ciclo natural se convierte en el "tiempo sagrado", un flujo continuo en el que cada momento tiene su propia energía, su propio significado y su propio propósito. Para los wiccanos, alinearse con este tiempo sagrado significa entrar en sintonía con el ritmo del universo, aprender a observar, a respetar y a celebrar los cambios en la naturaleza, y comprender que cada fase de este ciclo es una oportunidad para el crecimiento, para la introspección y para la conexión con lo divino.

El tiempo sagrado en la Wicca se experimenta principalmente a través de la Rueda del Año, un ciclo de festividades que marca los cambios de estación y que honra la danza eterna de la vida, la muerte y el renacimiento. La Rueda del Año comprende ocho festividades principales, conocidas como Sabbats, que representan hitos en el camino de la tierra alrededor del sol y reflejan las distintas fases del ciclo de la vida natural. Cada Sabbat tiene su propia energía y sus propios símbolos, y ofrece al wiccano la oportunidad de celebrar, de reflexionar y de participar activamente en el flujo de la vida.

La Rueda del Año comienza en Samhain, una festividad que se celebra a finales de octubre y que marca el inicio del invierno. Samhain es un momento de introspección, una oportunidad para honrar a los ancestros y para reflexionar sobre el ciclo de la muerte y el renacimiento. En este tiempo sagrado, el velo entre los mundos es más fino, y los wiccanos creen que es posible comunicarse con los espíritus y recibir sus mensajes.

Samhain es una celebración de la muerte como parte natural de la vida, una aceptación de los finales que dan paso a nuevos comienzos, y un recordatorio de que la energía de los seres queridos permanece en el mundo.

La siguiente festividad en la Rueda del Año es Yule, que ocurre durante el solsticio de invierno, a finales de diciembre. Yule marca el día más corto del año y el retorno de la luz, el momento en que el sol comienza a ganar fuerza una vez más. En la Wicca, Yule es una celebración de la esperanza y del renacimiento, una promesa de que la oscuridad no es eterna y de que la luz siempre regresa. En esta época, los wiccanos encienden velas y decoran sus altares con símbolos de vida, como el muérdago y el acebo, para honrar el renacimiento del sol y dar la bienvenida a una nueva fase de crecimiento y de renovación.

Imbolc, celebrada a principios de febrero, es una festividad de purificación y de preparación para la primavera. Este Sabbat honra a la Diosa Brigid y simboliza el despertar de la tierra, el primer susurro de vida que emerge desde el invierno. En Imbolc, el wiccano se prepara para la renovación, limpiando su hogar, su altar y su espíritu para dar la bienvenida a las energías de crecimiento y de cambio. Las velas y las ofrendas de leche y de semillas son comunes en este ritual, y simbolizan la fertilidad y la promesa de la primavera que se aproxima.

Ostara, el equinoccio de primavera, es un momento de equilibrio y de celebración de la vida nueva que empieza a florecer en la naturaleza. En Ostara, la duración del día y de la noche es igual, y los wiccanos celebran el balance de las fuerzas de la luz y de la oscuridad. Esta festividad está asociada con el renacimiento y la fertilidad, y se celebra decorando el altar con flores, huevos y símbolos de la naturaleza. Ostara invita al practicante a sembrar sus intenciones, a comenzar nuevos proyectos y a honrar el despertar de la tierra.

A medida que la primavera avanza hacia el verano, llega Beltane, una festividad de alegría y de celebración de la fertilidad que se realiza a principios de mayo. Beltane es un tiempo de unión entre la Diosa y el Dios, una celebración de la vida en su esplendor y de la energía sexual como fuerza creativa. En esta festividad, los wiccanos encienden hogueras y bailan alrededor del "mayo" o palo de Beltane, símbolos de la energía vital que fluye en la naturaleza. Beltane es un momento para celebrar el amor, la abundancia y el poder de la creación, y para conectar profundamente con el espíritu de la tierra.

Litha, el solsticio de verano, marca el día más largo del año y el punto culminante de la fuerza del sol. En este Sabbat, los wiccanos celebran la abundancia, la luz y la generosidad de la naturaleza, y agradecen por los frutos que la tierra ha ofrecido hasta el momento. Durante Litha, el sol alcanza su apogeo y su energía es poderosa y vibrante, invitando al practicante a aprovechar esta vitalidad para fortalecer sus proyectos y sus metas. Esta festividad es un tiempo de gratitud y de celebración del poder solar, y los wiccanos suelen encender hogueras, crear amuletos de protección y decorar sus altares con flores y frutos de verano.

Lammas, o Lughnasadh, es una festividad que ocurre a principios de agosto y que marca la primera cosecha del año. Es un momento de agradecimiento por los primeros frutos de la tierra, una celebración de la abundancia y de la generosidad de la naturaleza. En Lammas, el wiccano reflexiona sobre su propia "cosecha", sobre los logros y los aprendizajes obtenidos en el año, y expresa gratitud por el sustento que la tierra proporciona. Esta festividad es también un recordatorio de la importancia de compartir y de honrar el ciclo de dar y recibir, una invitación a agradecer por los dones de la vida y a ofrecer parte de ellos en ofrenda a la tierra.

La Rueda del Año completa su ciclo en Mabon, el equinoccio de otoño, una festividad de equilibrio y de preparación para el invierno. Mabon marca la segunda cosecha y es un tiempo de reflexión y de agradecimiento, un momento para evaluar lo aprendido y para recoger los frutos del trabajo espiritual y material. En Mabon, la duración del día y de la noche vuelve a estar en equilibrio, recordando al practicante la importancia de vivir en armonía con las fuerzas de la luz y de la oscuridad. Los wiccanos decoran sus altares con granos, calabazas y hojas de colores, y celebran la abundancia de la tierra mientras se preparan para el descanso del invierno.

Además de la Rueda del Año, el tiempo sagrado en la Wicca también se experimenta a través del ciclo lunar, donde cada fase de la luna tiene su propia energía y su propio significado. La luna nueva es un tiempo de inicio y de siembra de intenciones, un momento para visualizar nuevos proyectos y para establecer metas. La luna creciente simboliza el crecimiento y el desarrollo, la fase de la manifestación de las intenciones sembradas. La luna llena es el punto culminante, un momento de plenitud y de poder, ideal para los trabajos mágicos de protección, de sanación y de amor. La luna menguante representa el cierre, la limpieza y la liberación, una fase para dejar ir lo que ya no sirve y para preparar el terreno para un nuevo ciclo.

Para el wiccano, vivir de acuerdo con el tiempo sagrado es una forma de conectar profundamente con el flujo de la vida, de reconocer que cada etapa tiene un propósito y de recordar que el cambio es una parte natural del ciclo de la existencia. Celebrar la Rueda del Año y las fases lunares es una manera de alinear la propia vida con el ritmo de la tierra, de la luna y del sol, y de experimentar la espiritualidad como una danza constante de transformación, de muerte y de renacimiento.

Este tiempo sagrado, tan presente en la Wicca, no solo marca las fechas y los ciclos; es una invitación a vivir con atención y con respeto, a ser consciente de cada momento y a participar activamente en el flujo de la creación. Al abrazar el tiempo sagrado, el wiccano encuentra en la naturaleza una guía y un recordatorio de que la vida es un ciclo eterno, donde cada etapa, cada estación y cada fase lunar tiene un lugar y un valor en el vasto tejido de la existencia.

Capítulo 18
Ritmo Lunar

En la Wicca, la luna es uno de los símbolos más poderosos de la naturaleza y de lo divino. Su ciclo, que influye en las mareas, en el crecimiento de las plantas y en las emociones humanas, es visto como un reflejo de los ritmos internos del alma y de las etapas de transformación que cada persona experimenta. Para el wiccano, seguir el ritmo lunar es conectarse con el ciclo de nacimiento, crecimiento, plenitud y liberación que se manifiesta tanto en la naturaleza como en el propio ser. La luna actúa como una guía en el camino espiritual, ofreciendo una fuente de poder, de inspiración y de sabiduría. Conocer y trabajar con las fases de la luna permite al practicante de la Wicca alinear su vida con estos ciclos naturales y aprovechar la energía única que cada fase lunar ofrece.

El ciclo lunar comienza con la luna nueva, una fase de oscuridad en la que la luna no es visible en el cielo. Esta fase representa el inicio, la semilla de todo lo que está por venir. En la Wicca, la luna nueva es un momento de introspección, de retiro y de preparación para lo nuevo. Es el momento ideal para sembrar intenciones y para enfocarse en los deseos y objetivos que se quieren manifestar. Durante esta fase, el wiccano se toma un tiempo para reflexionar sobre su vida, para escuchar su intuición y para planear los pasos que le permitirán alcanzar sus metas. La luna nueva es una fase de posibilidades, de potencial y de esperanza, una invitación a imaginar y a sembrar aquello que se desea ver florecer.

A medida que la luna avanza, entra en la fase creciente, en la que comienza a ser visible como un delgado arco de luz. Esta fase representa el crecimiento, el esfuerzo y la manifestación progresiva de las intenciones sembradas durante la luna nueva. En esta etapa, la energía de la luna impulsa al wiccano a actuar, a dar los primeros pasos hacia sus metas y a construir con paciencia y con perseverancia. La luna creciente es un tiempo de actividad, de movimiento y de determinación. En esta fase, el practicante realiza trabajos mágicos que favorecen el avance, la atracción de nuevas oportunidades y el fortalecimiento de su voluntad. Esta es la fase para trabajar en los proyectos, para nutrir lo que se ha sembrado y para observar los primeros signos de crecimiento.

La siguiente fase es la luna llena, el momento en que la luna se muestra en toda su plenitud y su brillo. La luna llena es el punto culminante del ciclo lunar, una fase de máxima energía, de claridad y de poder. En la Wicca, la luna llena es el tiempo ideal para los rituales de manifestación, de protección, de sanación y de amor, ya que su luz amplifica las intenciones y permite que las energías fluyan con fuerza y con claridad. En esta fase, el wiccano celebra la abundancia y la plenitud de la vida, honrando la conexión entre el espíritu y la naturaleza. La luna llena es también un momento de revelación, de ver con claridad aquello que ha estado oculto y de recibir mensajes de la intuición o de los espíritus. Muchos wiccanos sienten que la luna llena es un momento sagrado, una oportunidad para abrirse completamente a las energías del universo y para experimentar la magia en su forma más poderosa.

Tras la luna llena, el ciclo lunar comienza a menguar, y la luna entra en su fase menguante, donde cada noche va perdiendo parte de su luz. Esta fase representa el cierre, la reflexión y la liberación de lo que ya no es necesario. En la Wicca, la luna menguante es el tiempo para dejar ir, para limpiar y para purificar. Es el momento ideal para los rituales de liberación, para soltar hábitos, patrones o relaciones que ya no sirven y para hacer espacio para lo nuevo. Durante esta fase, el wiccano realiza trabajos de protección y de limpieza, eliminando cualquier energía negativa o estancada. La luna menguante es una fase de renovación y de preparación para un nuevo ciclo, una invitación a soltar las cargas innecesarias y a abrirse a una nueva etapa de crecimiento.

Además de las fases principales, la Wicca reconoce momentos específicos dentro del ciclo lunar que también tienen su propio poder y su propio simbolismo. Uno de estos momentos es el cuarto creciente, cuando la luna se encuentra a mitad de camino entre la nueva y la llena. Este momento representa el desafío y la perseverancia, un recordatorio de que el crecimiento requiere esfuerzo y de que es necesario superar los obstáculos para alcanzar la plenitud. En el cuarto creciente, el wiccano se enfoca en fortalecer su voluntad y en trabajar con la energía de la resiliencia, reforzando sus intenciones y comprometiéndose con su camino.

El cuarto menguante, que ocurre después de la luna llena y antes de la luna nueva, es otro momento de poder en el ciclo lunar. Esta fase simboliza la introspección, la reflexión y el aprendizaje de las experiencias vividas. En el cuarto menguante, el practicante evalúa los resultados de sus esfuerzos, identifica lo que ha funcionado y lo que no, y toma decisiones sobre lo que desea llevar consigo al próximo ciclo. Esta fase es un tiempo de descanso y de evaluación, una oportunidad para aprender de los errores y para prepararse para un nuevo inicio en la próxima luna nueva.

El ritmo lunar en la Wicca es una herramienta de autoconocimiento y de desarrollo espiritual, una manera de vivir en armonía con los ciclos de la naturaleza y de aprovechar la energía de cada fase para el crecimiento personal. Al sintonizarse con el ciclo lunar, el wiccano aprende a valorar cada etapa de la vida, a comprender que cada fase tiene su propio propósito y a aceptar que la vida es un flujo constante de inicio, crecimiento, culminación y cierre. Este entendimiento ayuda al practicante a fluir con los cambios y a encontrar paz en la naturaleza cíclica de la existencia.

La luna también es vista como una manifestación de la Diosa en la Wicca, un símbolo de su energía y de su presencia en el mundo. La Diosa se manifiesta en la luna a través de sus tres aspectos: la Doncella, la Madre y la Anciana, cada uno de los cuales se asocia con una fase del ciclo lunar. La Doncella se relaciona con la luna nueva y creciente, representando la inocencia, el potencial y la curiosidad. La Madre, que corresponde a la luna llena, simboliza la plenitud, la fertilidad y el poder de la creación. La Anciana, que se asocia con la luna menguante, representa la sabiduría, la introspección y el misterio de lo desconocido. Al trabajar con el ciclo lunar, el wiccano también honra estos aspectos de la Diosa y experimenta su energía en cada fase de la luna.

El ritmo lunar es, para el wiccano, un recordatorio constante de que todo en la vida es cíclico y de que cada fase, tanto en la luna como en la vida, tiene un propósito. Al seguir el ciclo lunar, el practicante aprende a confiar en el proceso de la naturaleza, a aceptar los cambios y a encontrar la fuerza y la inspiración en cada etapa. La luna enseña que la vida no es un viaje lineal, sino una serie de ciclos que se repiten, cada uno ofreciendo nuevas oportunidades de crecimiento y de transformación.

Los rituales lunares son una práctica común en la Wicca y permiten al practicante alinearse con las energías de cada fase de la luna. Estos rituales pueden incluir meditaciones, visualizaciones, invocaciones y trabajos mágicos específicos para cada fase. La creación de un altar lunar, decorado con símbolos de la luna y con elementos que representen la fase actual, es una forma de honrar el ritmo lunar y de conectar con su poder. A través de estos rituales, el wiccano cultiva una relación profunda y significativa con la luna, experimentando su ciclo como un proceso sagrado de renovación y de crecimiento.

Al trabajar con el ritmo lunar, el wiccano descubre que la luna no solo ilumina el cielo, sino también su camino espiritual y su propio ser interior. La luna se convierte en una guía constante, en una maestra de los ciclos de la vida y en un símbolo de la conexión con lo divino. Cada fase lunar ofrece una enseñanza, una invitación a explorar el mundo exterior y el mundo interior, y una oportunidad para vivir en armonía con el ritmo eterno de la naturaleza.

Capítulo 19
Fuerza Solar

En el camino de la Wicca, la energía solar es la fuente de vida, vitalidad y crecimiento. La fuerza del sol representa el poder creativo, la luz que anima la tierra y permite que la naturaleza florezca. Para los wiccanos, el sol no es solo una estrella en el cielo, sino una expresión divina de energía que inspira, nutre y renueva. La fuerza solar, con su ritmo constante y su calor, es un símbolo de la claridad, de la voluntad y de la expansión de la conciencia. Trabajar con esta energía permite al practicante de la Wicca integrar en su vida aspectos de fuerza, de determinación y de propósito, alineándose con los ciclos de crecimiento y de declive que el sol marca en el transcurso del año.

A lo largo del año, la fuerza solar se manifiesta en dos grandes momentos de cambio: los solsticios y los equinoccios. Estos eventos, que se celebran en la Rueda del Año como Sabbats, marcan el ascenso y el descenso de la energía del sol y actúan como puntos de referencia para el crecimiento y la introspección en la vida del wiccano. El solsticio de verano, conocido como Litha, es el día más largo del año y el punto culminante de la fuerza solar. Es una celebración de la abundancia, de la luz y de la energía en su estado máximo. Por el contrario, el solsticio de invierno, o Yule, representa el día más corto, el momento en que la oscuridad es mayor, pero también marca el renacimiento de la luz, un recordatorio de que incluso en la mayor sombra, el sol renace con fuerza.

El sol en la Wicca también se asocia con el aspecto masculino de lo divino, simbolizado en la figura del Dios. Así como la Diosa está representada por la luna y sus fases cambiantes, el Dios se manifiesta en el ciclo solar, en la expansión y en la contracción de la luz a lo largo del año. Este ciclo del Dios en la Wicca representa su nacimiento en Yule, su crecimiento durante la primavera, su plenitud en Litha y su sacrificio y declive a medida que el año avanza hacia el otoño e invierno. El ciclo solar del Dios es una enseñanza sobre la vida, la muerte y el renacimiento, un recordatorio de que todo en la naturaleza sigue un ritmo de expansión y de contracción, de florecimiento y de retorno a la semilla.

La fuerza solar también es un símbolo de la voluntad y de la acción, cualidades que el wiccano cultiva al trabajar con la energía del sol. Así como el sol da vida y fuerza a las plantas, que crecen hacia su luz, la fuerza solar en el practicante despierta su capacidad de actuar, de manifestar sus intenciones y de enfrentar sus desafíos. Los rituales que se realizan bajo la luz del sol están impregnados de esta energía activa y expansiva, que potencia la claridad, la confianza y el poder de manifestación del wiccano. Los trabajos mágicos que se hacen en conexión con el sol suelen enfocarse en la prosperidad, la salud, la protección y el éxito, aspectos que se asocian con la vibración positiva y generosa del astro.

Una práctica común para conectarse con la fuerza solar es la meditación al amanecer o al atardecer, momentos en los que la energía del sol es especialmente potente y simbólica. Al amanecer, el sol representa un nuevo comienzo, el despertar y la promesa de un día lleno de posibilidades. En este momento, el wiccano puede enfocarse en intenciones de renovación, de proyectos que desea iniciar o de energía que desea atraer a su vida. La meditación al amanecer permite absorber la luz del sol en sus primeras horas, recargando el cuerpo y el espíritu con la vitalidad de un nuevo día.

Al atardecer, la energía del sol se convierte en un símbolo de cierre y de reflexión, un momento para agradecer y para evaluar lo vivido. Durante esta práctica, el wiccano contempla la puesta de sol como una metáfora de los ciclos de la vida, recordando que cada final es también un paso hacia un nuevo comienzo. Al despedirse del sol en el horizonte, el practicante puede liberar cualquier carga, soltar lo que ya no necesita y prepararse para un periodo de descanso y de introspección.

Otra forma de trabajar con la fuerza solar en la Wicca es a través del uso de cristales y de símbolos que absorben y reflejan la energía del sol. Piedras como el cuarzo citrino, la cornalina y el ojo de tigre son conocidas por su afinidad con la energía solar, y se utilizan para atraer la prosperidad, para fortalecer la autoestima y para amplificar la creatividad. Estos cristales pueden cargarse bajo la luz del sol y luego colocarse en el altar o llevarse como amuletos, permitiendo que su energía acompañe al wiccano en sus actividades cotidianas. Al trabajar con estos cristales, el practicante se sintoniza con la fuerza solar y se fortalece en su voluntad, en su motivación y en su capacidad para manifestar sus deseos.

Los días soleados también ofrecen al wiccano una oportunidad para purificar y energizar sus herramientas y su altar. Colocar los objetos rituales bajo la luz del sol permite que estos se llenen de energía vital y que liberen cualquier carga energética acumulada. Esta práctica se realiza especialmente durante Litha, el solsticio de verano, cuando la luz solar es más intensa. La fuerza del sol limpia y renueva cada herramienta, devolviéndole su vitalidad y su poder. En este acto de purificación, el wiccano honra la energía del sol como fuente de vida y de renovación, reconociendo que la luz y el calor son aspectos sagrados que mantienen el equilibrio y el crecimiento en la naturaleza.

Además de los rituales y de las prácticas individuales, el wiccano celebra la fuerza solar a través de los Sabbats de la Rueda del Año que marcan el ciclo solar. Litha y Yule son los momentos principales de esta celebración, pero los equinoccios y otros Sabbats, como Beltane y Lammas, también reflejan el poder de la energía solar en diferentes etapas. Cada uno de estos Sabbats ofrece una enseñanza específica sobre la relación entre la luz y la sombra, sobre el crecimiento y el sacrificio, y sobre el equilibrio entre la expansión y la introspección. A través de estas celebraciones, el wiccano experimenta la fuerza solar en su ciclo completo, descubriendo que la luz y la oscuridad son necesarias y que cada fase tiene su propio valor en el proceso de crecimiento.

La fuerza solar es también una guía para la expresión y para la creatividad. Así como el sol ilumina todo lo que toca, el wiccano, al trabajar con esta energía, desarrolla su capacidad para expresar su verdad y para manifestarse con autenticidad en el mundo. La fuerza solar inspira al practicante a compartir sus dones, a actuar con integridad y a enfrentar sus desafíos con valentía. Este aspecto de la energía solar es particularmente valioso en los momentos en que el wiccano necesita claridad en sus decisiones o cuando busca avanzar hacia sus metas con confianza.

La relación con la fuerza solar en la Wicca es, en última instancia, un recordatorio de que la vida es un proceso de constante evolución, un ciclo de expansión y de descanso. Al trabajar con la energía del sol, el wiccano se conecta con el poder de la creación, con el impulso vital que anima al universo y que lo guía en su propio camino de crecimiento y de transformación. La fuerza solar enseña que la vida es abundante, que la luz siempre regresa y que, al igual que el sol, cada persona tiene dentro de sí una chispa divina que puede iluminar el mundo.

En la Wicca, la fuerza solar es un símbolo de esperanza, de vitalidad y de propósito. Al honrar el sol y al alinearse con sus ciclos, el practicante encuentra en esta energía una fuente constante de inspiración y de poder, una guía que lo acompaña en cada paso de su camino espiritual y que le recuerda que, en cada amanecer, hay una nueva oportunidad de crecer, de brillar y de vivir en armonía con el flujo sagrado de la vida.

Capítulo 20
Mareas Mágicas

Las mareas mágicas, en la práctica de la Wicca, son los flujos y reflujos de energía que se producen en el universo y que afectan el ritmo de la vida y de la naturaleza. Estas mareas se basan en los ciclos naturales y cósmicos, como el ciclo lunar, el ciclo solar, las estaciones y las energías de los elementos. Para el wiccano, trabajar en armonía con estas mareas significa aprovechar los momentos de mayor poder y sintonizarse con el flujo universal para obtener resultados más efectivos en sus rituales, hechizos y meditaciones. Al igual que el océano responde a las fases de la luna, las energías humanas y espirituales también se ven afectadas por estos ritmos naturales, lo que permite al practicante alinear sus intenciones y acciones con las corrientes energéticas del cosmos.

Uno de los aspectos principales de las mareas mágicas está relacionado con el ciclo lunar, que influye poderosamente en las energías de la tierra y en la vida cotidiana. La luna, con sus fases de nueva, creciente, llena y menguante, establece un flujo de energía que puede potenciar o enfocar los esfuerzos del wiccano. La luna nueva representa un momento de potencial y de siembra de intenciones; es ideal para iniciar proyectos, para establecer metas y para visualizar deseos. La fase creciente es el período en el cual la energía aumenta, favoreciendo el crecimiento y el avance en los objetivos planteados. La luna llena, que simboliza la plenitud y la culminación, es un momento de poder máximo y se utiliza para trabajos mágicos de protección, de amor y de sanación. La luna menguante, en cambio, marca un tiempo de liberación y de cierre, adecuado para dejar ir patrones antiguos, limpiar energías estancadas y soltar aquello que ya no es necesario.

Además del ciclo lunar, el wiccano también observa las mareas solares, que se reflejan en la Rueda del Año. Cada Sabbat marca una fase importante en el ciclo del sol y de las estaciones, influyendo en las energías disponibles para el trabajo mágico. Los Sabbats de primavera, como Ostara y Beltane, están llenos de energía de crecimiento, renovación y fertilidad, ideales para sembrar ideas y para nutrir proyectos. Los Sabbats de otoño, como Lammas y Mabon, son tiempos de cosecha y de agradecimiento, momentos de reflexión y de cierre. Cada estación y cada Sabbat ofrecen una energía particular que el wiccano utiliza para trabajar en armonía con los ciclos naturales, viviendo en sintonía con el flujo de expansión y de contracción que rige toda la creación.

Otra marea mágica importante es la que se deriva de los elementos: tierra, agua, fuego y aire. Cada elemento posee su propia vibración y potencia, y se asocia con diferentes cualidades y tipos de trabajo mágico. La tierra está relacionada con la estabilidad, la abundancia y la protección; sus mareas son lentas y firmes, ideales para hechizos que requieren enraizamiento y durabilidad. El agua, con su naturaleza fluida y adaptable, se vincula con la emoción, la intuición y la sanación; sus mareas son cambiantes y profundas, perfectas para el trabajo de transformación emocional y de desarrollo intuitivo. El fuego representa la pasión, el cambio y la energía creativa; sus mareas son intensas y rápidas, adecuadas para hechizos de motivación, de deseo y de manifestación rápida. El aire, asociado con el pensamiento, la comunicación y la inspiración, tiene mareas ligeras y expansivas que favorecen la claridad mental, la visión y el entendimiento.

Al comprender las mareas energéticas de los elementos, el wiccano puede elegir el mejor momento y el enfoque adecuado para cada trabajo mágico. En los rituales, el practicante puede invocar las energías de un elemento específico para armonizar sus intenciones con el tipo de energía que desea manifestar. Por ejemplo, un hechizo de prosperidad podría realizarse cuando las mareas de la tierra son fuertes, mientras que un ritual de amor o de sanación emocional se realizaría mejor bajo la influencia del agua. Esta práctica de sincronización con los elementos permite que el trabajo mágico fluya en sintonía con el entorno y que el practicante experimente un mayor sentido de conexión con el universo.

Los wiccanos también observan las "mareas personales," que son los ritmos de energía que cada individuo experimenta en su propio cuerpo y espíritu. Al igual que el universo tiene sus ciclos, cada persona experimenta momentos de expansión, de introspección y de descanso, y el conocimiento de estos ciclos permite al practicante adaptar su práctica mágica a sus propias necesidades y ritmos internos. Las mareas personales son influenciadas por factores como el estado emocional, el ciclo menstrual (en el caso de las mujeres), la salud física y la energía mental. Un wiccano consciente de sus propias mareas aprende a respetar su estado energético y a trabajar con él en lugar de contra él, dedicando tiempo a la introspección y a la sanación cuando es necesario, y reservando los momentos de mayor vitalidad para los rituales que requieren mucha energía.

Las mareas mágicas también se ven afectadas por fenómenos cósmicos, como los eclipses, las alineaciones planetarias y los tránsitos astrológicos, que influyen en las energías de la tierra y en los seres que la habitan. En la Wicca, los eclipses se consideran momentos de cambio y de transformación profunda, ideales para la introspección y para los trabajos mágicos que implican el cierre de ciclos. Las alineaciones planetarias, en cambio, pueden potenciar ciertos tipos de trabajo dependiendo de los planetas involucrados; por ejemplo, una alineación con Venus puede ser ideal para rituales de amor o de belleza, mientras que una alineación con Marte puede favorecer los hechizos de protección o de fuerza. Al trabajar con estos fenómenos cósmicos, el wiccano se sintoniza con las energías del universo y utiliza su poder en momentos en que la energía es más intensa y propicia.

Para aprovechar las mareas mágicas, los wiccanos suelen crear un calendario o diario mágico en el que anotan las fases de la luna, los Sabbats, los eventos astrológicos y sus propios ciclos personales. Este registro permite al practicante planificar sus rituales y sus trabajos mágicos de acuerdo con las energías disponibles y con sus necesidades internas. Al llevar un seguimiento de estos ciclos, el wiccano desarrolla una comprensión más profunda de su propio ritmo y del ritmo del universo, y aprende a moverse en armonía con las mareas energéticas que lo rodean.

La práctica de trabajar con las mareas mágicas no solo fortalece la efectividad de los hechizos y rituales, sino que también enseña al wiccano una lección esencial: la importancia de la paciencia, de la adaptación y del respeto por los tiempos naturales. Así como las mareas del océano no pueden forzarse ni apresurarse, las energías de la naturaleza tienen su propio ritmo, y el wiccano aprende a observar y a esperar el momento adecuado para cada acción. Este enfoque en el tiempo divino y en la sincronización con los ciclos naturales ayuda al practicante a desarrollar una conexión más profunda y significativa con el universo y a experimentar su práctica mágica como una danza armoniosa con el flujo de la vida.

Las mareas mágicas, en última instancia, enseñan que la vida y la magia no son lineales, sino cíclicas y cambiantes. Al trabajar con estos ciclos, el wiccano encuentra una fuente constante de inspiración y de poder en el mundo natural, y aprende a confiar en que cada fase, cada marea y cada cambio tiene un propósito y un valor en el proceso de crecimiento espiritual. Las mareas mágicas son un recordatorio de que todo en el universo está interconectado, de que el ser humano es parte de un gran flujo de energía y de que, al vivir en armonía con las fuerzas de la naturaleza, puede encontrar paz, propósito y poder en cada instante.

Capítulo 21
Círculo Sagrado

El círculo sagrado es el espacio en el cual el wiccano crea un ambiente de protección, de concentración y de poder para sus rituales y prácticas espirituales. Es un espacio entre los mundos, un lugar donde el practicante se desconecta de las distracciones del mundo cotidiano y se abre a las energías sutiles del universo. En la Wicca, el círculo sagrado es un acto de reverencia y de conexión profunda, un símbolo de la eternidad y de la unidad con lo divino. La creación del círculo es uno de los rituales más fundamentales en la práctica wiccana, pues establece el contenedor energético donde el wiccano puede trabajar con seguridad y con claridad.

El acto de "trazar" o de "crear" el círculo sagrado implica establecer un límite energético que delimita el espacio ritual. Para el wiccano, este círculo no es solo un límite simbólico, sino una barrera real de energía que protege el espacio interior de influencias externas y que concentra las fuerzas invocadas en el ritual. Este espacio sagrado actúa como un escudo, un contenedor de la intención y de la voluntad del practicante, donde puede realizar sus rituales, hechizos y meditaciones con seguridad y con enfoque. Dentro del círculo, el wiccano experimenta un estado de armonía y de conexión profunda con los elementos, con las deidades y con su propia esencia.

El proceso de creación del círculo sagrado comienza con una limpieza energética del espacio. El wiccano utiliza herramientas como la sal, el incienso, las hierbas y el agua consagrada para purificar el área y eliminar cualquier energía residual que pueda interferir con el trabajo. Esta limpieza puede realizarse en silencio, permitiendo que el wiccano se concentre en su intención de crear un espacio sagrado. Este acto de purificación establece un ambiente de paz y de equilibrio, preparándolo para la creación del círculo y para la conexión con las energías superiores.

Existen varios métodos para trazar el círculo sagrado en la Wicca, y cada practicante o tradición puede tener sus propias variaciones. Uno de los métodos más comunes es el uso del athame, el cuchillo ritual, que representa la voluntad del wiccano y que se utiliza para "cortar" el espacio y delimitar el círculo. El practicante sostiene el athame y visualiza un rayo de luz que emerge de su punta, trazando el perímetro del círculo en sentido horario. Este rayo de luz crea un anillo de energía que rodea el espacio y que establece la barrera sagrada. Otros wiccanos prefieren usar una varita, una rama de árbol consagrada o incluso sus propias manos para trazar el círculo, dependiendo de sus preferencias y de la energía que desean invocar.

El tamaño y la forma del círculo sagrado pueden variar según el propósito del ritual y el espacio disponible. En general, el círculo se establece en forma de un anillo cerrado y, aunque no existe una medida específica, se suele crear de un tamaño suficiente para que el wiccano pueda moverse cómodamente en su interior. La forma redonda del círculo simboliza la eternidad, la protección y la conexión con el universo, recordando al practicante que su trabajo se realiza en comunión con las fuerzas naturales y con el flujo de la vida.

Una vez trazado el círculo, el wiccano procede a invocar las energías de los cuatro elementos: tierra, aire, fuego y agua. Cada uno de estos elementos se asocia con una dirección cardinal, y al invocarlos, el practicante establece un equilibrio de fuerzas en el espacio sagrado. La tierra se invoca en el norte, y su energía aporta estabilidad y enraizamiento al círculo. El aire se invoca en el este, y su energía permite que la mente se abra a la inspiración y a la claridad. El fuego se invoca en el sur, trayendo con él el poder de la transformación y de la pasión. El agua se invoca en el oeste, aportando una energía de sanación, de intuición y de conexión emocional. Cada elemento es invitado a proteger y a enriquecer el círculo, y su presencia fortalece el espacio sagrado, equilibrando las fuerzas y creando un ambiente de paz y de poder.

Además de los elementos, el wiccano también puede invocar la presencia de las deidades, de los ancestros o de guías espirituales para que lo acompañen y lo guíen en el ritual. Esta invocación es un acto de comunión y de respeto, una manera de reconocer que el trabajo espiritual se realiza en conexión con lo divino y con las fuerzas que habitan en el universo. La invocación puede realizarse con palabras o en silencio, lo importante es que refleje la sinceridad y el propósito del practicante. Al invocar a las deidades, el wiccano se abre a su influencia y a su protección, permitiendo que su sabiduría y su energía se manifiesten en el ritual.

El círculo sagrado, una vez trazado, se convierte en un espacio de poder y de transformación. Dentro de él, el wiccano experimenta una conexión profunda con el universo y con su propio ser interior. La energía se concentra en este espacio, y el practicante puede dirigirla hacia sus intenciones, utilizando el círculo como un amplificador de su voluntad y de sus deseos. Los hechizos, las invocaciones y las meditaciones se realizan dentro del círculo, que actúa como un contenedor seguro para el flujo de la energía y que permite que ésta se mantenga pura y enfocada.

Cuando el ritual o el trabajo mágico ha concluido, el wiccano procede a "cerrar" o "destrazar" el círculo. Este cierre es un acto de respeto y de gratitud, una forma de liberar la energía y de devolverla al universo. El wiccano recorre el perímetro del círculo en sentido contrario al que utilizó para crearlo, visualizando cómo la energía del círculo se disuelve y cómo el espacio vuelve a su estado natural. Esta liberación de la energía permite que el círculo se cierre adecuadamente y que el espacio quede limpio y equilibrado. Al cerrar el círculo, el wiccano agradece a los elementos, a las deidades y a las energías presentes por su guía y su protección, reconociendo el sagrado vínculo que ha creado con ellas durante el ritual.

El círculo sagrado es, en la Wicca, una expresión de la conexión con el todo y un recordatorio de que la magia y la espiritualidad son prácticas que se realizan en armonía con la naturaleza y con el universo. Al trazar el círculo, el wiccano experimenta la unidad con las fuerzas de la creación, recordando que cada acto es un reflejo de la totalidad y que, dentro del círculo, se encuentra en un espacio de paz, de poder y de comunión con lo divino.

En la vida cotidiana, el círculo sagrado también enseña al wiccano a crear espacios de paz y de enfoque en su interior, recordándole que, aunque el mundo puede estar lleno de distracciones y de energías caóticas, siempre puede encontrar un lugar sagrado en su propio ser. Este entendimiento ayuda al practicante a experimentar la vida como un círculo de crecimiento y de renovación, un ciclo de aprendizaje y de transformación que lo conecta con el flujo eterno de la existencia.

El círculo sagrado, en última instancia, es un símbolo de amor y de respeto hacia uno mismo, hacia la naturaleza y hacia el misterio que da vida a todo. A través de su práctica, el wiccano encuentra en el círculo un espacio de encuentro con lo sagrado, una oportunidad de conectar con la esencia de la vida y de recordar que, en cada momento, está rodeado por la presencia y el poder del universo.

Capítulo 22
Invocaciones Divinas

La práctica de invocación es un acto de conexión profunda en la Wicca, un llamado que el practicante realiza para establecer un vínculo con las deidades, con los espíritus guardianes o con fuerzas cósmicas que pueden guiar y fortalecer su trabajo mágico. Las invocaciones divinas son más que palabras o rituales; son un diálogo sagrado, una manera de abrir el corazón y el espíritu a la presencia de lo divino. A través de la invocación, el wiccano no solo llama a las deidades, sino que se abre a sus enseñanzas, a su protección y a la sabiduría que pueden compartir en cada momento de la vida y en cada práctica ritual.

La invocación tiene diferentes propósitos en la Wicca. En algunos casos, el wiccano invoca la presencia de la Diosa y del Dios para que guíen y protejan el espacio ritual. En otros, se pueden invocar fuerzas elementales o deidades específicas que representen aspectos de la naturaleza o del cosmos con los cuales el practicante desea trabajar. También es posible invocar la presencia de ancestros, de guías espirituales o de espíritus protectores para que ofrezcan su apoyo en momentos de necesidad, de sanación o de introspección. La invocación, en cualquiera de sus formas, establece un lazo que recuerda al wiccano que no está solo en su camino, que la energía divina lo acompaña y lo sostiene en cada acto y en cada intención.

Antes de realizar una invocación, el wiccano prepara su espacio sagrado con cuidado y respeto, asegurándose de que esté purificado y en armonía. Este espacio puede estar dentro de un círculo sagrado, que el practicante traza para establecer una barrera de protección y de concentración de energía. La creación de un ambiente sereno y sagrado es fundamental, pues permite que la mente se enfoque y que el corazón se abra a la experiencia espiritual que está por vivir. Para muchos wiccanos, este acto de preparación es tan importante como la invocación misma, ya que es en este espacio donde la conexión con lo divino se hace presente y donde el espíritu del practicante se unifica con las energías superiores.

La invocación puede realizarse de muchas maneras, dependiendo de las preferencias del practicante y de la tradición a la cual pertenezca. En algunos casos, el wiccano utiliza palabras específicas o fórmulas que ha aprendido en su camino espiritual, mientras que otros prefieren improvisar, permitiendo que sus palabras fluyan naturalmente y que reflejen sus emociones y su intención en el momento presente. La sinceridad y la claridad son esenciales en la invocación, pues el wiccano no busca una recitación mecánica, sino una comunicación auténtica y sentida con lo divino.

Un ejemplo común en la Wicca es la invocación a la Diosa y al Dios. En esta invocación, el wiccano llama a la Diosa, quien representa la creación, la intuición, la fertilidad y el misterio de la vida. Ella puede ser invocada en sus aspectos de Doncella, Madre o Anciana, dependiendo de la energía que el practicante desea atraer o del trabajo que está realizando. A su lado, el Dios, quien representa la luz, la fuerza, la protección y el ciclo de la vida, también es invocado, y puede manifestarse en aspectos de juventud, poder o sabiduría. Juntos, la Diosa y el Dios simbolizan el equilibrio de las fuerzas naturales, y su presencia en el espacio ritual aporta una energía de armonía y de amor que guía al wiccano en su trabajo espiritual.

Las invocaciones a los elementos son también una práctica común en la Wicca. Estos elementos —tierra, aire, fuego y agua— son considerados manifestaciones fundamentales de la energía universal y cada uno aporta cualidades únicas al espacio sagrado. La tierra ofrece estabilidad y enraizamiento; el aire trae claridad y comunicación; el fuego simboliza la transformación y la fuerza de voluntad; y el agua representa la sanación y la intuición. Al invocar a los elementos, el wiccano llama a estas fuerzas para que equilibren y fortalezcan el círculo, permitiéndole trabajar en armonía con las energías naturales y elevando su práctica a un nivel de conexión profunda con la naturaleza.

La invocación puede realizarse con diferentes herramientas, como el athame, la varita, las velas o los cristales. Estas herramientas actúan como conductores de la intención y de la energía del practicante, amplificando el llamado y facilitando la conexión con las deidades o las fuerzas invocadas. Al sostener el athame o al dirigir la varita, el wiccano concentra su voluntad en el objeto, visualizando cómo su energía se proyecta hacia el universo y cómo el llamado encuentra su camino hacia las entidades invocadas. Este acto de proyección de la intención es esencial en la invocación, pues establece una conexión consciente y directa entre el practicante y el espíritu o deidad que desea contactar.

Para los wiccanos, la invocación no es solo un acto externo; es una experiencia interna de apertura y de humildad. El practicante abre su corazón y su mente, permitiendo que la energía de la deidad o del espíritu lo toque y lo guíe. En muchos casos, esta conexión puede sentirse como una presencia sutil, un cambio en la energía del espacio o una sensación de paz y de claridad. La invocación es una oportunidad para escuchar, para recibir y para experimentar la cercanía de lo divino, recordando que el verdadero poder espiritual reside en la comunión y en la confianza en las fuerzas superiores.

Cuando la invocación ha concluido, el wiccano expresa su gratitud hacia las deidades, los elementos o los espíritus que han respondido a su llamado. Este acto de agradecimiento es fundamental en la Wicca, pues reconoce el valor de la energía recibida y el apoyo espiritual que le ha sido ofrecido. La gratitud es también una manera de cerrar el vínculo de manera respetuosa, permitiendo que las energías invocadas regresen a su estado natural mientras el círculo o el espacio sagrado se cierra y la energía se disuelve.

Las invocaciones divinas en la Wicca son una herramienta de autoconocimiento y de desarrollo espiritual. A través de ellas, el practicante se conecta con aspectos de sí mismo que están en resonancia con las deidades o las energías invocadas. La Diosa y el Dios, los elementos, los ancestros y los espíritus son, al mismo tiempo, manifestaciones de la naturaleza y reflejos de las cualidades que el wiccano lleva en su interior. Al invocarlos, el practicante no solo establece una conexión con lo divino, sino que también descubre su propio potencial, su fortaleza y su capacidad de transformación.

El arte de la invocación, en última instancia, es un recordatorio de que la magia y la espiritualidad son prácticas de amor, de respeto y de humildad. La verdadera invocación no consiste en imponer la propia voluntad, sino en abrirse al misterio y en confiar en el poder de lo sagrado. En cada invocación, el wiccano se embarca en un viaje hacia lo desconocido, un viaje de encuentro con lo divino que lo transforma y lo guía en su camino de crecimiento espiritual. La invocación, en su esencia, es una conversación sagrada, una celebración de la unidad entre el ser humano y el universo, y un recordatorio de que, en cada acto de amor y de respeto, la energía de la creación responde con generosidad y con sabiduría.

Capítulo 23
Ofrendas Rituales

En la Wicca, las ofrendas rituales son una expresión de gratitud, de respeto y de reciprocidad hacia las deidades, los espíritus de la naturaleza y los elementos. Al realizar una ofrenda, el practicante no solo entrega un objeto o un símbolo, sino que también establece un vínculo de generosidad y de compromiso con las fuerzas que sostienen la vida y el universo. Las ofrendas rituales son una manera de honrar la energía que fluye en todas las cosas, una muestra de gratitud por la guía, la protección y los dones recibidos, y una forma de retribuir a la naturaleza y a lo divino.

Las ofrendas en la Wicca varían en función de la intención del ritual, del tipo de energía que el practicante desea atraer y del vínculo que desea establecer con la deidad o el espíritu invocado. Algunas ofrendas comunes incluyen alimentos, flores, piedras, hierbas, velas, agua pura y objetos naturales. Cada ofrenda es elegida con cuidado, asegurándose de que tenga un significado personal y espiritual. En la práctica wiccana, la calidad de la ofrenda no se mide por su valor material, sino por la sinceridad y la intención con que se realiza. El wiccano entiende que una ofrenda auténtica es aquella que se da con el corazón, una manifestación de gratitud y de respeto profundo hacia lo sagrado.

Uno de los tipos más comunes de ofrendas rituales es el alimento. La comida simboliza la abundancia y el sustento que la tierra provee, y ofrecer alimentos a las deidades o a los espíritus es una manera de agradecer por el sustento recibido y de retribuir parte de los frutos de la naturaleza. Panes, frutas, semillas y miel son ofrendas especialmente apreciadas en la Wicca, ya que simbolizan la fertilidad, la generosidad de la tierra y la energía de vida. Estos alimentos pueden dejarse en un altar, en la naturaleza o en un espacio sagrado como ofrenda, y al terminar el ritual, se devuelven a la tierra como una muestra de respeto, permitiendo que las fuerzas naturales absorban la energía de la ofrenda y la transformen.

Las flores y las hierbas también son ofrendas comunes en los rituales wiccanos. Cada flor y cada planta tienen una energía y un simbolismo particulares, y al elegirlas, el practicante busca aquella que represente su intención o que esté en armonía con la deidad o el espíritu invocado. Las rosas, por ejemplo, se asocian con el amor y con la belleza, y son ofrendas adecuadas para rituales de amor y de conexión con la Diosa. La lavanda, conocida por su energía calmante y purificadora, se ofrece en trabajos de sanación y de paz. Al dejar una ofrenda de flores o de hierbas, el wiccano reconoce la energía de la planta y le devuelve a la naturaleza un símbolo de vida, un recordatorio de la interdependencia entre el ser humano y el mundo vegetal.

Las piedras y los cristales son otra forma de ofrenda ritual, especialmente en los trabajos de conexión con los espíritus de la tierra y con los elementales. Cada piedra tiene una vibración única, una esencia que puede apoyar y amplificar las intenciones del practicante. Al ofrecer una piedra, el wiccano simboliza la firmeza y la estabilidad de la tierra, y su deseo de armonizarse con el flujo de la energía natural. Las piedras se eligen de acuerdo con el propósito del ritual: el cuarzo transparente para la claridad y la conexión espiritual, la amatista para la paz y la intuición, el ojo de tigre para la protección y la fuerza. Al devolver estas piedras a la tierra o al agua después del ritual, el practicante completa un ciclo de dar y recibir, permitiendo que la energía se renueve y se mantenga en equilibrio.

Las velas son ofrendas de luz y de intención, símbolos de la presencia divina y de la conexión entre el mundo material y el espiritual. En la Wicca, las velas se encienden como una ofrenda de luz y de claridad, una manera de honrar a las deidades y de crear un puente entre el practicante y las energías invocadas. Cada color de vela tiene su propio significado: las velas blancas para la pureza y la paz, las rojas para el amor y la pasión, las verdes para la prosperidad y la salud. La llama de la vela representa la chispa divina en cada ser y el poder de la transformación, y al ofrecer una vela, el wiccano entrega una parte de su energía y de su voluntad a las fuerzas que lo guían.

El agua pura es una ofrenda simple pero poderosa, especialmente en rituales de sanación, de limpieza y de purificación. El agua es símbolo de la vida y de la fluidez, y al ofrecerla, el wiccano honra la energía del agua y su capacidad para renovar y para transformar. Esta ofrenda puede realizarse vertiendo agua en un altar o en la tierra, con la intención de devolver al entorno la energía de vida que el agua representa. Para el wiccano, el agua es un símbolo de conexión con las emociones, con la intuición y con la energía de la Diosa, y su ofrenda refleja el deseo de fluir en armonía con el ciclo natural.

Además de estas ofrendas físicas, el wiccano también puede ofrecer su tiempo, su energía y sus acciones como una forma de agradecimiento y de devoción. El acto de plantar un árbol, de recoger desechos en la naturaleza o de cuidar un jardín puede ser una ofrenda en sí misma, una manera de contribuir activamente al bienestar de la tierra y de expresar gratitud por los dones recibidos. En la Wicca, se entiende que cada acto consciente de cuidado hacia la naturaleza es una ofrenda valiosa, una manera de devolver a la tierra una parte del amor y del respeto que ella ofrece al ser humano.

Las ofrendas también pueden ser intangibles, como la gratitud, la oración o el canto. En algunos rituales, el wiccano expresa su devoción y su agradecimiento a través de palabras sinceras, de canciones o de bailes, utilizando su voz y su cuerpo como ofrendas de energía y de amor. Estas ofrendas intangibles son poderosas, ya que representan el compromiso y el amor que el practicante siente por las fuerzas que lo guían, y reflejan su deseo de contribuir a la armonía y al equilibrio del universo.

El proceso de realizar una ofrenda en la Wicca es un acto sagrado que involucra atención y respeto. El wiccano no entrega una ofrenda de forma mecánica; al contrario, se toma un momento para conectarse con su intención, para visualizar su energía y para ofrecerla con sinceridad. Este acto de entrega es una forma de apertura y de humildad, una expresión de confianza en las fuerzas divinas y de reconocimiento de que la vida es un ciclo de dar y de recibir. Al realizar una ofrenda, el practicante acepta que la energía fluye en todas las cosas y que su propia existencia está interconectada con la naturaleza y con el universo.

Después del ritual, el wiccano expresa gratitud por la presencia de las deidades, de los espíritus o de los elementos, y devuelve la ofrenda a la naturaleza si es posible. Esto permite que el ciclo de energía se complete y que el entorno se beneficie de la misma energía que el practicante ha ofrecido. Las ofrendas físicas, como los alimentos o las flores, se dejan en un lugar adecuado, permitiendo que la tierra las reciba y las transforme. Este acto de devolución es un recordatorio de que todo en la naturaleza es cíclico y de que, al dar, el practicante también recibe.

Las ofrendas rituales en la Wicca no solo fortalecen la conexión con lo divino, sino que también enseñan al practicante el valor de la generosidad, de la gratitud y del respeto. Cada ofrenda es una oportunidad para honrar el misterio y la belleza de la vida, para expresar amor y para devolver a la naturaleza una pequeña parte de lo que ella ofrece. Al hacer una ofrenda, el wiccano participa activamente en el flujo de la creación, recordando que la verdadera magia no está en el objeto ofrecido, sino en la intención y en el amor con que se entrega.

Capítulo 24
Gestos Mágicos

En la Wicca, los gestos mágicos son una expresión de la intención, una forma de dirigir la energía y de comunicar con el universo a través del cuerpo. Estos gestos, realizados de manera consciente, tienen el poder de fortalecer la conexión entre el practicante y las fuerzas sutiles, actuando como un puente entre lo físico y lo espiritual. Los movimientos rituales, desde el simple acto de extender una mano hasta los gestos más elaborados de invocación, son herramientas para enfocar la energía y para manifestar la voluntad. Cada gesto es una manifestación de la intención, un lenguaje corporal que el wiccano utiliza para comunicarse con el mundo invisible y para orientar sus deseos hacia la creación de su realidad.

El acto de mover el cuerpo en un ritual es, en sí mismo, una práctica de concentración y de canalización de la energía. Los wiccanos consideran que el cuerpo es un canal de energía que refleja y amplifica los pensamientos y las emociones. A través de los gestos mágicos, el practicante da forma a esa energía, creando un flujo de intención que se expresa en el mundo exterior. Los gestos mágicos son una manera de arraigar la intención en el cuerpo, de hacer tangible el deseo y de dirigir la energía hacia su propósito. Al realizar estos gestos, el wiccano encuentra una forma de "hablar" con el universo, de establecer una conexión consciente y de experimentar su propio poder interno.

Uno de los gestos más básicos y poderosos en la Wicca es la elevación de las manos hacia el cielo. Este acto simple simboliza la apertura y la receptividad, una invitación a las energías superiores para que desciendan y se integren en el espacio ritual. Con las palmas abiertas hacia el cielo, el practicante recibe las bendiciones de la Diosa, del Dios o del universo, permitiendo que su energía fluya en su ser. Este gesto es común al inicio de muchos rituales, cuando el wiccano busca consagrar el espacio y llamar a las fuerzas divinas para que lo acompañen en su trabajo. Es un acto de apertura y de entrega, una forma de reconocer la conexión con lo sagrado y de expresar la disposición a recibir su guía y su protección.

Otro gesto importante es el acto de apuntar con el athame o la varita, una manera de proyectar la intención y de dirigir la energía hacia un objetivo. Al sostener el athame o la varita y señalar con ella, el practicante concentra su voluntad y visualiza cómo su intención fluye a través del objeto, extendiéndose hacia el universo. Este gesto se utiliza para trazar el círculo sagrado, para invocar a los elementos o para enviar energía hacia una persona, un lugar o un propósito específico. Al apuntar con el athame, el wiccano siente que su propia energía se amplifica y se canaliza, transformándose en un rayo de voluntad que penetra en el espacio y que conecta con el mundo invisible.

El gesto de tocar la tierra es otra práctica común en los rituales wiccanos, un símbolo de conexión con la naturaleza y de enraizamiento. Este gesto es particularmente útil para aquellos momentos en los que el practicante necesita equilibrarse, liberar energía excesiva o buscar estabilidad emocional y espiritual. Al tocar la tierra con las manos o con las rodillas, el wiccano permite que su energía se mezcle con la de la tierra, recibiendo su apoyo y su estabilidad. Este gesto es un recordatorio de que, aunque el trabajo mágico pueda implicar energías sutiles y elevadas, el cuerpo y el espíritu del practicante siempre están conectados con la tierra y sostenidos por su fuerza.

Otro gesto que el wiccano utiliza con frecuencia es la posición de las manos en el pecho o en el corazón, un símbolo de respeto, de devoción y de amor hacia las deidades o hacia las fuerzas invocadas. Este gesto, sencillo pero poderoso, permite que el practicante exprese su intención de manera sincera, abriendo su corazón y mostrando su disposición a recibir y a dar. Es un gesto que también puede usarse para la introspección, permitiendo que el wiccano se conecte con sus propias emociones y con su verdad interior. Esta posición de las manos simboliza la conexión entre el corazón y el espíritu, y su uso en los rituales aporta un sentido de paz y de unidad.

El baile y el movimiento rítmico también forman parte de los gestos mágicos en la Wicca. En algunos rituales, el wiccano baila alrededor del círculo, moviéndose al ritmo de la música o del tambor, permitiendo que la energía fluya y se eleve. El baile es una expresión de la alegría, de la libertad y de la conexión con la vida; es una manera de liberar la mente y de unificar el cuerpo y el espíritu. Al bailar, el wiccano experimenta la energía en movimiento, siente cómo su cuerpo se convierte en un canal de poder y permite que su intención se manifieste a través de cada paso, de cada giro y de cada movimiento. En estos momentos, el baile no es solo una danza física, sino una comunión con las fuerzas de la naturaleza y una celebración de la vida.

Otro gesto importante en la Wicca es el de colocar las manos en posiciones específicas o "sellos" que representan intenciones particulares. Estos sellos, conocidos también como mudras, son posiciones de las manos que tienen un significado específico y que ayudan a canalizar la energía hacia un propósito concreto. Cada mudra es un símbolo en sí mismo y se utiliza para dirigir la mente y el cuerpo hacia la paz, la concentración, la fuerza o la intuición. Al realizar estos gestos, el wiccano visualiza su intención y permite que la energía fluya a través de sus manos, proyectando su deseo y fortaleciéndolo en su mente y en su espíritu.

La respiración también acompaña los gestos mágicos, ayudando a que el flujo de energía se mantenga constante y armonioso. A través de la respiración, el wiccano sincroniza sus gestos con el ritmo de su propio cuerpo, permitiendo que cada inhalación y cada exhalación amplifiquen su intención. La respiración profunda y consciente se convierte en un vehículo para la energía, permitiendo que cada gesto esté imbuido de vitalidad y de propósito. Este control de la respiración ayuda al practicante a mantener la concentración y a intensificar el poder de sus gestos, creando un flujo de energía que conecta su mente, su cuerpo y su espíritu con el universo.

El gesto de cruzar los brazos o de cerrar los puños también tiene su propio significado en la Wicca, y se usa especialmente para proteger, para afirmar o para sellar un ritual. Este acto representa la protección, la fortaleza y la decisión, y se utiliza cuando el wiccano desea cerrar un círculo de energía o proteger un espacio o una intención. Al cruzar los brazos o al cerrar los puños, el practicante declara su intención de mantener la energía segura y de protegerla de influencias externas. Este gesto también simboliza la autoafirmación y la voluntad de preservar el espacio sagrado creado en el ritual.

Los gestos mágicos en la Wicca no son simplemente movimientos, sino manifestaciones físicas de la intención y del poder interno del practicante. Cada gesto, ya sea pequeño o elaborado, es una forma de expresión y de conexión con las fuerzas que el wiccano invoca en su práctica. Al realizar estos gestos, el wiccano convierte su cuerpo en un canal de energía y en un símbolo de su propia voluntad y de su compromiso con el camino espiritual. Estos gestos recuerdan al practicante que la verdadera magia no está en las herramientas o en las palabras, sino en la energía que fluye a través de él y que se expresa en cada movimiento consciente.

En la Wicca, los gestos mágicos enseñan al practicante a reconocer el poder que reside en su propio cuerpo y en su espíritu. Al realizar un gesto, el wiccano se convierte en un co-creador de su realidad, un participante activo en el flujo de la vida y un vehículo para las energías universales. Cada gesto es un recordatorio de que el cuerpo y el espíritu están profundamente conectados y de que la magia se manifiesta en la armonía entre ambos. Los gestos mágicos son, en última instancia, un lenguaje sagrado, una manera de comunicarse con el universo y de expresar el poder y la belleza de la vida.

Capítulo 25
Ritos Primaverales

La primavera es un tiempo de renacimiento y de renovación, una estación en la que la vida despierta después de la quietud del invierno, llenando el mundo de color, de vitalidad y de promesas. En la Wicca, los ritos primaverales son celebraciones de esta energía de crecimiento y de fertilidad, una oportunidad para honrar el ciclo eterno de la vida y para conectarse con la naturaleza en su momento de máxima creatividad. Los ritos de la primavera invitan al wiccano a dejar atrás lo antiguo, a abrirse a nuevas posibilidades y a sembrar intenciones que florecerán junto con la tierra. Estos ritos son, en esencia, una comunión con el espíritu de la vida y una reafirmación del compromiso del practicante con el flujo de la creación.

Los ritos primaverales comienzan con la festividad de Ostara, el equinoccio de primavera, que marca el momento en que el día y la noche están en perfecto equilibrio. Ostara es una celebración de la armonía entre la luz y la oscuridad, y simboliza el retorno de la energía solar y el despertar de la tierra. En esta festividad, los wiccanos honran a la Diosa y al Dios en su aspecto de juventud, simbolizando el amor y la fertilidad que impulsa el crecimiento de la naturaleza. Los rituales de Ostara están llenos de alegría y de color, e incluyen símbolos como los huevos, que representan la fertilidad y el potencial de la vida, y las flores, que simbolizan la belleza y la fragilidad de la creación. Durante esta celebración, el practicante siembra semillas —tanto en sentido literal como metafórico—, simbolizando los proyectos y deseos que desea ver crecer en el año venidero.

Uno de los aspectos más importantes de los ritos primaverales en la Wicca es el acto de la siembra, un gesto que tiene un profundo significado tanto en el plano físico como en el espiritual. Al plantar semillas, el wiccano participa en el ciclo de la vida, entregando a la tierra una promesa de crecimiento y de renovación. Esta siembra simboliza las intenciones del practicante, sus sueños y sus metas, que al igual que las semillas, necesitan tiempo, cuidado y dedicación para germinar y florecer. Cada semilla plantada es una afirmación de esperanza y de confianza en la abundancia de la tierra y en la fuerza creativa del universo. Este acto conecta al practicante con la naturaleza y le recuerda que el crecimiento es un proceso sagrado, un viaje de transformación y de realización.

El altar de primavera es otro elemento clave en los ritos de esta estación. Los wiccanos decoran sus altares con flores frescas, ramas verdes y símbolos de la fertilidad, creando un espacio que refleja la energía vibrante y rejuvenecedora de la primavera. En el altar, se colocan huevos pintados, semillas y recipientes con agua pura, elementos que representan el potencial de la vida, la abundancia y la promesa de renovación. Los colores del altar suelen ser verdes, amarillos y rosados, colores que evocan la frescura de la naturaleza en esta época del año. Este altar actúa como un centro de poder, un lugar donde el practicante puede conectar con la energía de la tierra y reforzar sus intenciones de crecimiento y de transformación.

Los ritos de primavera también incluyen ceremonias de purificación, una práctica que permite al wiccano liberar cualquier energía residual o negativa acumulada durante el invierno y preparar su mente y su espíritu para la nueva etapa. La purificación puede realizarse a través del humo de hierbas sagradas, como el romero o la salvia, o mediante un baño ritual con agua de manantial o con agua salada. Al purificar su cuerpo y su espacio, el practicante renueva su energía y abre un espacio para las bendiciones y para la prosperidad. Esta limpieza es un acto simbólico y práctico de desprendimiento, una manera de dejar atrás el pasado y de dar la bienvenida a la primavera con un corazón abierto y receptivo.

El baile y la música son elementos esenciales en los ritos primaverales, que celebran el retorno de la vida y el gozo de la existencia. Muchos wiccanos participan en danzas rituales alrededor de un árbol o de un palo de mayo, un símbolo de fertilidad y de unión. Este baile es una forma de liberar la energía contenida, de conectar con el cuerpo y de celebrar la belleza de la vida. El ritmo de la música y el movimiento del baile permiten al practicante expresar su alegría y su gratitud, recordándole que la espiritualidad es también un acto de celebración y de disfrute. El baile en los ritos de primavera es una danza de renovación, un recordatorio de que cada año, al igual que cada ciclo, ofrece nuevas oportunidades de crecimiento y de realización.

Otra práctica común en los ritos de primavera es la creación de coronas de flores, que simbolizan la belleza y la fertilidad de la tierra. Estas coronas, que se colocan en la cabeza o en el altar, están hechas de flores y de ramas frescas y representan la conexión entre el practicante y la naturaleza. Al tejer una corona, el wiccano participa en el acto de la creación, uniendo elementos naturales en un símbolo de amor y de devoción. Esta corona es un recordatorio de que la belleza de la naturaleza está en constante renovación, y que el ser humano es parte de ese ciclo eterno. Las coronas de flores se bendicen y se utilizan en los rituales, infundiéndolas con la energía de la primavera y convirtiéndolas en amuletos de prosperidad y de fertilidad.

Además de Ostara, los ritos primaverales culminan en Beltane, una de las festividades más importantes en la Wicca, que se celebra el primero de mayo. Beltane es una celebración de la fertilidad, del amor y de la unión entre la Diosa y el Dios. En esta festividad, el wiccano honra la fuerza vital que impulsa el crecimiento de la naturaleza y celebra el poder de la creación en su máximo esplendor. Los rituales de Beltane incluyen la danza alrededor del palo de mayo, la creación de guirnaldas y la realización de hechizos de amor y de abundancia. Beltane es un momento de intensa conexión con la tierra y con las fuerzas de la vida, una celebración de la belleza, de la pasión y de la creatividad.

El fuego también juega un papel esencial en Beltane, ya que simboliza el poder transformador y la vitalidad de la estación. Las hogueras se encienden en la noche de Beltane como un tributo al Dios y a la Diosa y como una manera de purificar y de elevar la energía. Saltar sobre el fuego o pasar entre las llamas es una práctica común en esta festividad, y simboliza el deseo de renovación y de protección. Este fuego ritual es una expresión de la pasión y de la fuerza de vida que impulsan el crecimiento y la creación. Al rodear el fuego, el wiccano se conecta con la chispa divina en su propio ser, recordando que la fuerza de la vida y de la transformación reside en cada uno de nosotros.

La magia de primavera es una práctica común durante esta estación, ya que la energía de la naturaleza es ideal para los hechizos de crecimiento, de amor, de prosperidad y de renovación. Los hechizos de amor, en particular, son comunes en los ritos de primavera, ya que la energía de la fertilidad y de la unión está en su punto máximo. Los hechizos de prosperidad y de abundancia también son populares, pues la tierra comienza a dar sus frutos y el practicante busca alinearse con esta energía de generosidad y de crecimiento. La magia de primavera es una manera de sintonizarse con la fuerza creativa del universo, de aprovechar la energía de la estación y de manifestar los deseos y las metas que florecerán junto con la naturaleza.

Los ritos primaverales en la Wicca son, en última instancia, una celebración de la vida en todas sus formas. Cada acto, cada ritual y cada símbolo reflejan la maravilla de la creación, el poder de la renovación y la promesa de un nuevo comienzo. La primavera invita al wiccano a reconocer la belleza de la naturaleza y a participar en su danza eterna, una danza de muerte, de renacimiento y de crecimiento. Al celebrar los ritos de primavera, el practicante renueva su propio compromiso con la vida y con el flujo de la creación, recordando que cada año ofrece la oportunidad de comenzar de nuevo y de florecer junto con la tierra.

Los ritos primaverales son un recordatorio de que la vida es un proceso continuo de cambio y de transformación, y que cada ciclo ofrece nuevas posibilidades de realización. En cada semilla plantada, en cada danza alrededor del palo de mayo y en cada corona de flores, el wiccano encuentra una expresión de amor y de respeto por el mundo natural y una afirmación de su propia conexión con el universo. La primavera enseña que la vida es un regalo precioso, un viaje de crecimiento y de renovación, y que cada momento es una oportunidad para celebrar, para crear y para florecer en armonía con el espíritu de la tierra.

Capítulo 26
Rituales Estivales

El verano es una época de luz, de plenitud y de abundancia en la Wicca. Es el tiempo en que la naturaleza está en su máximo esplendor, cuando los días son largos y el sol brilla con su energía más intensa. Los rituales estivales celebran esta vibrante energía de vida y de crecimiento, honrando el poder del sol y la generosidad de la tierra. Durante el verano, el wiccano experimenta una conexión profunda con la fuerza creativa y fértil de la naturaleza, sintiendo cómo su propia energía se expande y se fortalece junto con el mundo natural.

Uno de los momentos más importantes del verano en la Wicca es Litha, el solsticio de verano, celebrado alrededor del 21 de junio. Litha marca el día más largo del año y el punto culminante de la energía solar. En esta festividad, los wiccanos honran al Dios en su aspecto de rey sol, una representación de la fuerza, del poder y de la luz. La Diosa, en su aspecto de madre, simboliza la abundancia de la tierra y la generosidad con la que comparte sus frutos. Este es un tiempo de agradecimiento y de celebración, un momento para reconocer la plenitud de la vida y para abrirse a la energía vibrante y transformadora del verano.

En Litha, los altares se decoran con símbolos de la estación, como flores de colores brillantes, hierbas, frutos y piedras solares como el citrino y el ámbar. Los colores predominantes en el altar son los tonos dorados, amarillos y naranjas, que evocan el calor y la luminosidad del sol. Las velas encendidas representan la luz solar, y las ofrendas de frutas y de flores son una forma de honrar la fertilidad de la tierra. Este altar actúa como un reflejo de la abundancia de la naturaleza en esta época y como un centro de poder donde el wiccano puede sintonizarse con la energía del sol y de la tierra.

El fuego es un elemento esencial en los rituales estivales, especialmente en Litha, donde se encienden hogueras para celebrar la energía del sol. Las hogueras representan el poder transformador del fuego y la pasión que anima el ciclo de la vida. Saltar sobre la hoguera o pasar a través de las llamas, de manera segura, es una práctica común en Litha, simbolizando la purificación y la renovación de la energía personal. Este ritual es una forma de absorber la energía del sol, de limpiar cualquier carga negativa y de recargar el espíritu con la fuerza y con el dinamismo del verano.

Otra práctica importante en los rituales estivales es la recolección de hierbas sagradas. En la Wicca, se cree que las hierbas recogidas durante el solsticio de verano tienen un poder especial, pues han absorbido la energía máxima del sol. Hierbas como el hipérico, el romero, la lavanda y la verbena se recolectan y se utilizan en amuletos, en inciensos y en trabajos de protección y de sanación. Estas hierbas, secadas y guardadas, actúan como recuerdos de la energía del sol y de la abundancia del verano, y se usan a lo largo del año para fortalecer la conexión con esta estación y para recordar la fuerza que reside en la naturaleza.

Los rituales de verano también incluyen el trabajo con el agua, especialmente en la forma de baños rituales o de ceremonias junto a ríos, lagos o el mar. En la Wicca, el agua es símbolo de la fertilidad y de la emoción, y durante el verano se convierte en un medio para refrescar el espíritu y para purificar el cuerpo. Sumergirse en agua natural durante un ritual estival es una forma de conectarse con la naturaleza, de limpiar las energías y de abrirse a la fluidez de la vida. Este acto de comunión con el agua representa la armonía entre los elementos y permite al wiccano experimentar la paz y la vitalidad de la naturaleza.

Beltane, celebrado el 1 de mayo, es otro momento significativo que abre el paso hacia el verano. Aunque es un rito primaveral, la energía de Beltane establece la base de la estación de crecimiento y de abundancia que se desarrollará en el verano.

En Beltane, el wiccano celebra la unión entre la Diosa y el Dios, el poder de la fertilidad y el inicio de una fase de expansión y de creatividad. Los fuegos de Beltane y las danzas alrededor del palo de mayo simbolizan la energía que continuará creciendo hasta el solsticio de verano, cuando alcanza su punto máximo.

Durante el verano, la magia de prosperidad y de abundancia es especialmente poderosa, pues la tierra misma está en un estado de crecimiento y de generosidad. Los hechizos de verano se enfocan en atraer éxito, en fortalecer los proyectos iniciados en la primavera y en aprovechar las oportunidades de expansión y de desarrollo personal. Los wiccanos también realizan hechizos de protección en esta época, utilizando el poder del sol para crear escudos de energía que mantengan alejadas las influencias negativas. Los rituales de prosperidad pueden incluir la creación de amuletos con hierbas recolectadas en verano, la elaboración de aguas solares y la visualización de metas personales mientras el sol está en su punto más alto.

La meditación al aire libre es otra práctica común en los rituales estivales, pues permite al practicante absorber la energía de la naturaleza en su estado más vibrante. Meditar bajo el sol o en un lugar rodeado de vegetación ayuda al wiccano a renovar su vitalidad, a conectarse con su propósito y a experimentar la paz y la plenitud que ofrece la estación. Durante estas meditaciones, el practicante se abre a la energía del sol y de la tierra, visualizando cómo cada célula de su ser se llena de luz, de fortaleza y de claridad. Este contacto directo con la naturaleza es una manera de experimentar la unidad con el mundo y de encontrar inspiración en el equilibrio y en la abundancia que ofrece el verano.

En los rituales estivales, los wiccanos también celebran el concepto de dar y recibir, recordando que la abundancia es un ciclo de generosidad y de gratitud. La recolección de frutos y de hierbas durante el verano se realiza con respeto, devolviendo a la tierra una ofrenda en señal de agradecimiento por su generosidad. Esta práctica enseña que todo lo que se recibe de la naturaleza debe tratarse con cuidado y con respeto, y que la abundancia se mantiene a través del equilibrio entre el tomar y el dar.

Hacia finales del verano, el Sabbat de Lammas, o Lughnasadh, marca la primera cosecha del año. Lammas, celebrado el 1 de agosto, es un momento de agradecimiento por los primeros frutos de la tierra y de reflexión sobre el trabajo realizado. En esta festividad, el wiccano expresa gratitud por las bendiciones recibidas y reconoce la importancia de su esfuerzo y de su dedicación. Es un tiempo para celebrar la abundancia y para compartir los frutos de la tierra, recordando que la prosperidad es un don que se disfruta mejor cuando se comparte. Lammas es también una preparación para el otoño, una etapa de reflexión y de planificación para los próximos meses de cosecha.

Los rituales estivales son, en última instancia, una celebración de la vida en su máxima expresión. Cada acto, cada ofrenda y cada momento en la naturaleza recuerdan al wiccano que la vida es un regalo y que cada instante debe vivirse con gratitud y con plenitud. El verano enseña que la abundancia está disponible para quienes la reciben con un corazón abierto, y que el verdadero propósito de la vida es compartir y disfrutar de los dones que el universo ofrece. La luz del sol y la generosidad de la tierra inspiran al practicante a vivir en armonía, a reconocer su propia fuerza y a conectar profundamente con el flujo de la creación.

El verano en la Wicca es una estación de celebración, de vitalidad y de conexión con el poder de la naturaleza. Los rituales estivales ofrecen al wiccano la oportunidad de honrar la belleza y la generosidad de la vida, de renovar su compromiso con el equilibrio y de experimentar la alegría de ser parte del ciclo eterno de crecimiento y de renovación. Al final de la estación, el practicante guarda en su corazón la energía del verano, sabiendo que esta luz interior continuará guiándolo en su camino, incluso cuando los días se acorten y la naturaleza entre en su ciclo de descanso.

Capítulo 27
Ceremonias Otoñales

El otoño es una estación de reflexión, de agradecimiento y de recogimiento en la Wicca. Es el tiempo de las cosechas, cuando el esfuerzo de todo el año culmina en la recolección de frutos y en la celebración de la abundancia. Las ceremonias otoñales honran este momento de transición, en el que la naturaleza comienza a entrar en un período de descanso y de renovación interna. El otoño recuerda al wiccano la importancia de cosechar los frutos de su trabajo, de expresar gratitud por lo recibido y de prepararse para los meses de introspección y de quietud que vendrán. Las festividades otoñales invitan a mirar hacia adentro, a reflexionar sobre lo aprendido y a liberar lo que ya no sirve, permitiendo que la energía fluya en armonía con el ciclo natural.

Mabon, el equinoccio de otoño, es una de las festividades más significativas en esta estación, celebrada alrededor del 21 de septiembre. Este es un tiempo de equilibrio entre la luz y la oscuridad, un momento en que el día y la noche tienen la misma duración. Mabon marca el inicio de la segunda cosecha y simboliza la abundancia de la tierra en su culminación. Durante esta celebración, los wiccanos agradecen por las bendiciones del año y por los frutos recibidos. Mabon es una invitación a la gratitud y a la armonía, una oportunidad para reflexionar sobre los logros alcanzados y para honrar el ciclo de vida, muerte y renacimiento que la naturaleza experimenta en cada estación.

En el altar de Mabon, los wiccanos colocan elementos que representan la abundancia y la generosidad de la tierra, como granos, frutas, nueces y calabazas. Los colores del altar suelen reflejar los tonos cálidos del otoño: rojos, naranjas, dorados y marrones, que evocan el esplendor de la naturaleza en esta época. Las hojas secas, las mazorcas de maíz y los racimos de uvas también decoran el altar, recordando que el otoño es una época de recolección y de plenitud. Las velas de colores otoñales se encienden en honor a la Diosa y al Dios, quienes, en esta estación, representan la madurez y la sabiduría. Este altar es un reflejo de la abundancia de la tierra y de la riqueza que se encuentra en cada ciclo de vida.

En Mabon, se realizan rituales de gratitud y de recogimiento. Los wiccanos suelen escribir en papel las cosas por las cuales se sienten agradecidos, reflexionando sobre los momentos significativos del año y los aprendizajes obtenidos. Este acto de gratitud no solo honra los frutos materiales, sino también el crecimiento interno y las experiencias que han enriquecido el espíritu. Al expresar gratitud, el practicante reconoce la interconexión de todas las cosas y el papel de cada experiencia en su evolución personal. Al finalizar el ritual, los papeles de gratitud pueden quemarse como una ofrenda, dejando que el humo eleve las intenciones al universo y liberando el agradecimiento en el aire.

Las ceremonias otoñales también incluyen rituales de desprendimiento y de liberación. A medida que la naturaleza suelta sus hojas y se prepara para el descanso invernal, el wiccano aprovecha esta energía de transformación para soltar aquello que ya no necesita en su vida. Esto puede incluir hábitos, emociones o relaciones que han cumplido su propósito. Al dejar ir, el practicante se abre a la renovación y crea espacio para nuevas experiencias y aprendizajes. Este proceso de desprendimiento se realiza en paz, reconociendo que todo en la vida tiene un ciclo y que, al igual que las hojas caen para nutrir la tierra, el desprendimiento es una oportunidad de enriquecimiento y de crecimiento interno.

En los rituales de desprendimiento, el wiccano puede escribir en hojas secas o en papeles aquello que desea liberar y luego quemarlos o enterrarlos en la tierra. Este acto simbólico transforma el papel en cenizas o en parte del suelo, representando el proceso de cambio y de renacimiento. Los rituales de liberación son una manera de limpiar el espíritu y de preparar el terreno interno para las semillas de nuevas intenciones que se plantarán en el futuro. En estos rituales, el practicante encuentra una sensación de paz y de cierre, una aceptación de los ciclos y de la necesidad de renovarse continuamente.

Samhain, celebrado el 31 de octubre, es el último de los Sabbats otoñales y marca el final del ciclo de la cosecha. Samhain es una festividad de gran importancia en la Wicca, conocida como el Año Nuevo de las Brujas. Es un momento de introspección y de conexión con el misterio de la vida y la muerte. En Samhain, el velo entre los mundos se considera más delgado, permitiendo que las energías de los ancestros y de los seres queridos que han partido se acerquen al plano terrenal. Los wiccanos honran a sus ancestros, realizando ceremonias en las que colocan fotografías, objetos o recuerdos en el altar para recordar a quienes han dejado su huella en su vida.

El altar de Samhain suele decorarse con símbolos de la muerte y del renacimiento, como cráneos, velas negras y naranjas, manzanas y calabazas. Las velas encendidas representan la luz que guía a los espíritus, y las ofrendas de comida, como pan y frutas, simbolizan la abundancia compartida con los seres del otro mundo. Samhain es un momento para meditar sobre el ciclo de la vida y para reflexionar sobre el paso del tiempo. Es un ritual de cierre, una celebración de la memoria y un recordatorio de que, aunque el ciclo de la vida continúe, la esencia de quienes amamos permanece en el mundo espiritual.

Además de honrar a los ancestros, Samhain es un momento ideal para la introspección y para el trabajo de sombras, un proceso en el que el wiccano explora y acepta aspectos profundos de sí mismo. La energía de Samhain invita al practicante a enfrentar sus miedos, a comprender sus emociones y a sanar heridas internas. El trabajo de sombras permite al wiccano integrar todas las partes de su ser, reconociendo que la oscuridad y la luz son necesarias para el crecimiento. Este trabajo es una oportunidad de transformación y de aceptación, una manera de prepararse para el nuevo ciclo que comenzará con el próximo año.

La naturaleza en otoño ofrece lecciones valiosas sobre el equilibrio, la introspección y la renovación. Al observar cómo los árboles sueltan sus hojas y cómo la tierra se prepara para el descanso, el wiccano encuentra inspiración para liberar lo que ya no necesita y para abrazar los cambios en su propia vida. Los rituales otoñales, con su enfoque en la gratitud, el desprendimiento y la memoria, enseñan al practicante a vivir en armonía con el flujo de la vida, a reconocer los ciclos y a honrar cada etapa del viaje.

Las ceremonias otoñales también incluyen la preparación para los meses de invierno, cuando la naturaleza descansa y el espíritu entra en una fase de renovación interna. Durante el otoño, el wiccano comienza a recolectar y a almacenar hierbas, semillas y otros elementos naturales que utilizará en los meses de quietud. Esta recolección es un acto de previsión y de cuidado, una manera de recordar que la vida es cíclica y que cada estación ofrece sus propios dones. Al guardar estos elementos, el practicante se asegura de tener recursos para su trabajo espiritual durante el invierno y reafirma su conexión con la naturaleza.

El otoño, con sus ceremonias de agradecimiento y de liberación, enseña al wiccano la importancia de vivir en equilibrio y de apreciar cada momento. Las ceremonias otoñales son una expresión de respeto por los ciclos de la tierra y de reconocimiento del papel de cada experiencia en la vida. Al celebrar el otoño, el practicante honra la abundancia, la memoria y la conexión con lo divino, recordando que, aunque los ciclos terminen, la vida siempre renace en nuevas formas.

El otoño en la Wicca es un tiempo de recogimiento, de reflexión y de preparación para el futuro. A través de sus ceremonias, el wiccano encuentra paz en el cambio y aprende a soltar con amor, a celebrar los frutos de su esfuerzo y a mirar hacia adentro con gratitud y con humildad. Cada rito otoñal es una enseñanza sobre la belleza del ciclo de la vida y sobre la eternidad del espíritu que perdura en cada acto de amor y de recuerdo.

Capítulo 28
Misterios Invernales

El invierno es una estación de introspección y de renovación en la Wicca, un tiempo de quietud en el que la naturaleza se retira hacia su núcleo para descansar y regenerarse. En esta época, el wiccano también se sumerge en un proceso de recogimiento, explorando los misterios más profundos de su ser y del universo. Los misterios invernales son ceremonias y prácticas que invitan a la introspección, a la meditación y a la comunión con lo invisible, con lo que yace oculto bajo la superficie. En esta estación, el velo de la naturaleza es más denso y el ritmo es pausado; es un tiempo para escuchar, para sanar y para conectar con la sabiduría que solo se revela en el silencio y en la oscuridad.

Uno de los momentos clave del invierno en la Wicca es Yule, el solsticio de invierno, celebrado alrededor del 21 de diciembre. Yule marca el día más corto del año y la noche más larga, simbolizando el triunfo de la oscuridad, pero también el renacimiento de la luz, ya que después de esta noche, los días comienzan a alargarse de nuevo. En Yule, el wiccano celebra el renacimiento del sol, honrando el ciclo eterno de muerte y renacimiento que rige la naturaleza y la vida misma. Yule es un momento de esperanza y de renovación, una promesa de que la luz siempre regresa y de que, incluso en los momentos de mayor oscuridad, existe la posibilidad de renacer.

El altar de Yule se decora con símbolos que representan tanto la oscuridad como la luz, un recordatorio de que ambos son esenciales para el equilibrio. Las velas rojas, verdes y doradas evocan la calidez del fuego y la promesa de renovación, mientras que las ramas de pino, muérdago y acebo simbolizan la perseverancia de la vida durante el invierno. Estos elementos actúan como amuletos de protección y de esperanza, recordando al practicante que el ciclo de la vida sigue su curso y que la luz siempre triunfa sobre la oscuridad. En el altar también se colocan pequeñas ofrendas de frutas secas, nueces y especias, como una manera de honrar a la tierra y de expresar gratitud por su generosidad.

Durante Yule, el fuego es un elemento central en los rituales, ya que representa el calor y la luz que sustentan la vida. Encender una vela o una hoguera es un acto de comunión con el sol y de celebración de su retorno. En algunas tradiciones, se enciende el "tronco de Yule," una antigua costumbre en la que un tronco decorado con cintas, hierbas y símbolos de protección se coloca en el fuego, representando la purificación y el renacimiento. El wiccano observa cómo el fuego consume el tronco, visualizando cómo la luz crece dentro de su propio ser, disolviendo las sombras y abriendo paso a la claridad y a la esperanza.

La meditación es una práctica esencial durante el invierno, ya que este es un tiempo propicio para el trabajo interior y para la exploración de los misterios del alma. En los misterios invernales, el wiccano se sumerge en meditaciones profundas que lo llevan a conectar con su propia esencia, a observar sus pensamientos y emociones, y a explorar aspectos de sí mismo que pueden haber permanecido ocultos. Esta introspección permite al practicante comprender mejor sus propias sombras, aquellas partes de su ser que necesitan sanación, y a abrazarlas con amor y con compasión. La meditación invernal es una búsqueda de la sabiduría interna y de la paz que solo puede encontrarse en el silencio.

El trabajo de sombras es otra práctica común durante el invierno. Este trabajo implica la exploración de las emociones, los patrones y los recuerdos que el practicante puede haber reprimido o evitado. Al confrontar estas sombras, el wiccano descubre aspectos de sí mismo que necesitan ser integrados y comprendidos, permitiéndole sanar y crecer de manera integral. El trabajo de sombras es una forma de aceptación y de transformación; al enfrentarse a sus propios miedos y heridas, el practicante libera su poder interno y se permite evolucionar. Este proceso es un acto de valentía y de humildad, una manera de comprender que la verdadera fuerza reside en la capacidad de abrazar todas las facetas del ser.

Además de Yule, el invierno culmina en Imbolc, celebrado el 1 de febrero. Imbolc es una festividad que marca el primer susurro de la primavera, el momento en que la tierra comienza a despertar lentamente bajo la superficie. En este Sabbat, el wiccano honra a la Diosa Brigid, quien simboliza la renovación, la sanación y la inspiración. Imbolc es un momento de purificación y de preparación para el renacimiento que llegará con la primavera. Durante esta festividad, se realizan rituales de limpieza, tanto del hogar como del espacio espiritual, liberando cualquier energía residual y preparando el ambiente para las nuevas semillas que se plantarán en la siguiente estación.

El agua es un elemento importante en Imbolc, ya que representa la purificación y la fluidez. Muchos wiccanos utilizan agua consagrada para limpiar sus herramientas y sus altares, así como para realizar rituales de limpieza personal. Este acto simboliza el lavado de lo viejo y la bienvenida de lo nuevo. Es una manera de comenzar de nuevo y de prepararse para los proyectos y las intenciones que surgirán en la primavera. La limpieza en Imbolc es también un acto de renovación espiritual, una manera de liberar el peso del pasado y de abrir el corazón y la mente a las posibilidades que traerá el nuevo ciclo.

Los misterios invernales también incluyen la práctica de la quietud y de la contemplación. En la Wicca, se entiende que la naturaleza se retira hacia adentro durante el invierno, y el practicante sigue su ejemplo al dedicarse a la quietud y al descanso. En esta estación, el wiccano se permite reducir el ritmo, apartarse de las distracciones externas y escuchar su voz interna. La contemplación le permite conectarse con las preguntas profundas del espíritu y encontrar respuestas en su propia sabiduría. Al aceptar la quietud, el practicante aprende a valorar el tiempo de descanso como una parte esencial del ciclo de la vida, comprendiendo que cada estación tiene su propio propósito y su propio ritmo.

La escritura de diarios y la reflexión son prácticas que enriquecen los misterios invernales, permitiendo al wiccano registrar sus pensamientos, sus emociones y sus experiencias de introspección. Al escribir, el practicante ordena sus ideas, procesa sus sentimientos y descubre patrones o temas recurrentes en su vida. Este acto de registro y de reflexión es una manera de honrar el proceso de crecimiento interno y de mantener un testimonio de su evolución espiritual. Durante el invierno, la escritura se convierte en un compañero silencioso, un medio para explorar los sueños y para plasmar los descubrimientos del alma.

En la Wicca, el invierno enseña que la oscuridad y el silencio son fuentes de sabiduría, que el descanso es necesario para la renovación y que la transformación comienza en el interior. Los misterios invernales son una invitación a descender a las profundidades del ser, a conectar con la esencia misma de la vida y a recordar que cada final es también un comienzo. La quietud y la oscuridad de esta estación revelan el poder de la introspección y del autoconocimiento, enseñando al wiccano a confiar en el ciclo de la vida y a encontrar paz en su propia compañía.

Los misterios invernales preparan al practicante para el renacimiento que vendrá en la primavera, ofreciendo una base de conocimiento y de claridad que le permitirá florecer de nuevo con la naturaleza. A través de cada ceremonia, de cada meditación y de cada acto de quietud, el wiccano encuentra una conexión más profunda con su espíritu y con el universo, comprendiendo que la oscuridad no es algo a temer, sino un espacio de creación y de sabiduría. En el invierno, el practicante aprende que, al igual que la semilla que duerme bajo la tierra, cada ser humano lleva dentro de sí el potencial para renacer y para encontrar la luz nuevamente.

El invierno en la Wicca es, en última instancia, una estación de reconciliación y de paz, un tiempo de descubrir la belleza y la sabiduría que se encuentran en lo invisible y en lo eterno. Al celebrar los misterios invernales, el practicante honra el ciclo de la vida, de la muerte y del renacimiento, y renueva su compromiso con el camino espiritual, confiando en que cada ciclo trae consigo nuevas oportunidades de crecimiento y de realización.

Capítulo 29
Magia Verde

La magia verde es el arte de trabajar en sintonía con el reino vegetal, aprovechando las energías y las propiedades de las plantas para fines de sanación, de protección y de conexión espiritual. En la Wicca, la magia verde es una de las prácticas más ancestrales y sagradas, ya que se fundamenta en el respeto y en la colaboración con la naturaleza. Cada planta, cada hierba y cada árbol poseen una energía única, una esencia que el wiccano utiliza para crear pociones, talismanes y rituales que apoyan su vida espiritual y su desarrollo personal. La magia verde no es solo el uso de las propiedades físicas de las plantas; es una comunión con su espíritu y una expresión de amor y de gratitud hacia la tierra que provee todo lo necesario para el sustento y para el crecimiento.

La primera regla de la magia verde en la Wicca es el respeto. El wiccano entiende que cada planta es un ser vivo que posee su propio espíritu y que, al igual que cualquier ser vivo, debe ser tratado con cuidado y con reverencia. Cuando el practicante recolecta una planta para su trabajo mágico, lo hace de manera consciente, pidiendo permiso a la planta y agradeciéndole por su generosidad. Este acto de respeto es fundamental, pues reconoce la interdependencia entre el ser humano y la naturaleza, y permite que la magia se realice en armonía con el flujo natural de la vida.

Cada planta en la magia verde tiene su propio simbolismo y sus propias cualidades energéticas. Por ejemplo, la lavanda es conocida por su capacidad de calmar la mente y de promover la paz, por lo que es ideal para hechizos de sanación y de relajación.

La menta, por su frescura y su vitalidad, se utiliza en rituales de prosperidad y de claridad mental. El romero, una de las hierbas más sagradas en la Wicca, se emplea en rituales de protección, de purificación y de memoria. La salvia es famosa por su poder de limpieza y de expulsión de energías negativas. Conocer las propiedades de cada planta y elegir las adecuadas para cada intención es una habilidad que el wiccano desarrolla con el tiempo, aprendiendo a escuchar y a observar la energía de cada hierba y a comprender su mensaje.

En la magia verde, el wiccano también trabaja con árboles, que se consideran guardianes de sabiduría y de protección. Cada árbol tiene su propia energía y su propia enseñanza. El roble, por ejemplo, representa la fuerza y la estabilidad, y es un símbolo de protección y de fortaleza espiritual. El sauce, con su conexión con el agua y la intuición, se utiliza en rituales de sanación y de conexión emocional. El abedul es un símbolo de nuevos comienzos y de purificación, mientras que el tejo representa la inmortalidad y la conexión con los ancestros. Al trabajar con árboles, el wiccano puede llevar una hoja, una rama o un trozo de corteza como amuleto, o realizar rituales bajo sus ramas para absorber su energía y su sabiduría.

La recolección de plantas para la magia verde es un acto que se realiza con cuidado y en armonía con los ciclos naturales. En la Wicca, se cree que la fase de la luna y el momento del día en que se recolecta una planta pueden influir en su energía. Por ejemplo, las plantas recolectadas durante la luna creciente o llena se consideran más potentes para los hechizos de crecimiento y de atracción, mientras que las recolectadas durante la luna menguante son ideales para la purificación y la liberación. Además, las hierbas suelen recolectarse temprano en la mañana, cuando la energía de la planta está en su punto máximo y el sol comienza a nutrirla. Este acto de recolección consciente permite que el wiccano se sintonice con los ritmos de la naturaleza y que trabaje en comunión con ella.

El secado y la conservación de las hierbas es una parte importante de la magia verde, ya que permite que el wiccano disponga de plantas para su trabajo durante todo el año. Una vez recolectadas, las hierbas se secan al aire en un lugar oscuro y ventilado, y se almacenan en frascos o en bolsas de tela, lejos de la luz y de la humedad. Cada frasco o bolsa se etiqueta con el nombre de la hierba y la fecha de recolección, permitiendo que el practicante mantenga un registro de sus materiales. La conservación cuidadosa de las hierbas asegura que su energía se mantenga intacta y que estén listas para ser utilizadas en cualquier momento, ya sea en un ritual de sanación, en un hechizo de protección o en una poción de amor.

La creación de pociones y de infusiones es una práctica común en la magia verde. Las pociones son mezclas de hierbas y de otros elementos naturales, preparados para atraer o para potenciar una energía específica. Una poción de amor, por ejemplo, puede incluir pétalos de rosa, canela y un toque de miel, ingredientes que simbolizan la atracción y la dulzura. Las infusiones, por otro lado, son tés hechos con hierbas específicas que el wiccano utiliza para conectarse con ciertas energías o para inducir estados de calma y de claridad. La manzanilla, la menta y la valeriana son algunas de las hierbas comunes en las infusiones mágicas, cada una elegida por sus propiedades de sanación y de paz.

La elaboración de amuletos y de saquitos de hierbas es otra práctica fundamental en la magia verde. Los amuletos son pequeños objetos llenos de hierbas y de otros elementos que se llevan como protección o como símbolo de una intención particular. Un saquito de hierbas puede estar compuesto por lavanda para la paz, romero para la protección y pétalos de rosa para el amor, y puede llevarse en el bolso o colocarse bajo la almohada para atraer energía positiva. Estos amuletos son pequeños aliados que el wiccano utiliza en su vida diaria, recordatorios de su conexión con la naturaleza y de su poder para manifestar sus deseos.

La magia verde también incluye el cuidado y la atención a las plantas vivas, ya sea en un jardín o en el hogar. Para el wiccano, cuidar de las plantas es una manera de conectar con la naturaleza y de desarrollar una relación cercana con el reino vegetal. Al cuidar de una planta, el practicante aprende a observar sus ciclos, a entender sus necesidades y a recibir su energía. Este cuidado es una expresión de gratitud y de amor hacia la naturaleza, y fortalece el vínculo entre el practicante y la tierra. Las plantas que crecen en el hogar o en el jardín se convierten en compañeras en el camino espiritual, proporcionando energía de paz, de purificación y de equilibrio.

El uso de aceites esenciales en la magia verde es una forma de aprovechar las propiedades concentradas de las plantas. Los aceites esenciales, extraídos de flores, hojas y raíces, capturan la esencia de la planta y se utilizan en rituales de unción, en baños y en difusores para llenar el espacio con su energía. La lavanda, por ejemplo, se utiliza para la relajación y para la sanación, mientras que el aceite de romero fortalece la memoria y protege contra las influencias negativas. Al trabajar con aceites esenciales, el wiccano se conecta con la vibración de la planta y utiliza su aroma y su esencia para armonizar el cuerpo, la mente y el espíritu.

La magia verde es, en última instancia, una expresión de amor y de respeto hacia la naturaleza. A través de esta práctica, el wiccano reconoce la interdependencia de todas las formas de vida y celebra la abundancia y la generosidad de la tierra. Cada planta, cada árbol y cada hierba ofrecen su energía al practicante, recordándole que la naturaleza es una maestra y una aliada en su camino espiritual. La magia verde enseña al wiccano a vivir en armonía con el entorno, a observar los ritmos de la vida y a encontrar en la simplicidad de una hoja, de una flor o de un fruto la esencia de la sabiduría y de la sanación.

En la magia verde, el wiccano descubre que la verdadera fuerza no reside en el poder de dominar, sino en el poder de escuchar, de respetar y de colaborar con las fuerzas de la naturaleza. Cada acto de magia verde es una invitación a recordar que la vida está en todas partes, que el espíritu de la tierra se manifiesta en cada planta y que, al trabajar con ellas, el practicante se convierte en un guardián de la sabiduría y de la belleza del mundo natural.

Capítulo 30
Magia de las Piedras

En la Wicca, las piedras y los cristales son considerados herramientas sagradas que canalizan y amplifican la energía de la naturaleza y del cosmos. La magia de las piedras, también conocida como cristalomancia, es una práctica antigua que permite al wiccano conectarse con las vibraciones específicas de cada cristal para obtener protección, sanación, claridad y conexión espiritual. Cada piedra posee una frecuencia única y emite una energía particular que se alinea con diversas intenciones y aspectos del ser, como el amor, la protección, la prosperidad y la intuición. La magia de las piedras invita al practicante a descubrir la esencia y el poder de cada cristal y a integrarlos en su camino espiritual.

La relación entre los wiccanos y las piedras se basa en la creencia de que estos elementos naturales almacenan y transmiten energía. Al igual que las plantas y los árboles, las piedras forman parte de la estructura de la tierra y contienen en su interior millones de años de historia y de conocimiento. Al trabajar con piedras, el wiccano no solo utiliza sus propiedades energéticas, sino que se conecta con la sabiduría ancestral de la tierra y con la memoria espiritual que cada cristal guarda en su interior. Esta conexión transforma a las piedras en aliados en el trabajo mágico, en herramientas de equilibrio y en símbolos de la conexión entre el ser humano y el universo.

La elección de una piedra para el trabajo mágico depende de la intención del ritual y del tipo de energía que el practicante desea atraer o fortalecer. Uno de los cristales más comunes y versátiles en la Wicca es el cuarzo transparente, conocido como el "maestro sanador". El cuarzo amplifica la energía y puede programarse para cualquier intención, ya sea de protección, de sanación o de clarificación mental. Otro cristal ampliamente utilizado es la amatista, que posee una energía calmante y espiritual. La amatista se asocia con la intuición, la paz y la protección espiritual, y es ideal para meditaciones profundas y para trabajos de sanación.

El cuarzo rosa es otra piedra fundamental en la magia de las piedras, especialmente en los rituales de amor y de autoaceptación. Este cristal emite una vibración suave y amorosa que promueve el amor incondicional, la compasión y el perdón. Al trabajar con cuarzo rosa, el wiccano se conecta con la energía del corazón y cultiva el amor hacia sí mismo y hacia los demás. Esta piedra es comúnmente utilizada en hechizos de amor y de armonía emocional, así como en prácticas de sanación del corazón.

El ojo de tigre es una piedra conocida por su energía de protección y de coraje. Este cristal, con sus tonos dorados y marrones, simboliza la fuerza interior y la claridad mental. En la Wicca, el ojo de tigre se utiliza en hechizos de protección, en rituales de afirmación de la voluntad y en trabajos de fortalecimiento de la autoestima. La energía del ojo de tigre ayuda al practicante a mantenerse firme y enfocado, aportándole confianza y claridad en momentos de desafío.

La obsidiana es una piedra poderosa en la magia de las sombras y en la protección espiritual. Su color oscuro y su energía intensa permiten al wiccano trabajar con sus miedos, con sus emociones profundas y con sus patrones de sombra. La obsidiana actúa como un espejo, reflejando al practicante sus propios aspectos ocultos y ayudándole a integrarlos y a sanarlos. Es una piedra de transformación y de protección, que se utiliza en rituales de limpieza energética y de exploración del subconsciente.

Cada piedra en la Wicca tiene su propio simbolismo y su propia función, y el wiccano aprende a conocer sus características a través de la observación, de la intuición y de la práctica. Al trabajar con piedras, el practicante puede llevarlas consigo, colocarlas en el altar, utilizarlas en meditaciones o emplearlas en el trazado de círculos mágicos. Cada método de uso permite que la energía de la piedra se manifieste de manera única y que se integre en la intención del trabajo mágico.

La limpieza y la carga de los cristales son prácticas esenciales en la magia de las piedras, ya que garantizan que los cristales estén en su estado óptimo de energía y que puedan cumplir su propósito. Los cristales pueden limpiarse con agua corriente, colocándolos bajo la luz de la luna o el sol, o ahumándolos con hierbas como el romero o la salvia. La limpieza libera cualquier energía residual que la piedra haya absorbido y la prepara para su siguiente uso. La carga, por otro lado, implica infundir el cristal con una intención específica, ya sea de sanación, de protección o de manifestación. Esto puede hacerse sosteniendo el cristal en las manos, visualizando la intención y pidiendo al cristal que la guarde en su interior.

El uso de piedras en la creación de amuletos y de talismanes es otra práctica común en la magia verde. Un amuleto es un objeto que el wiccano consagra con una intención específica, ya sea para protección, para atraer amor o para promover la prosperidad. Al incorporar cristales en un amuleto, el practicante amplifica la energía del objeto y crea una conexión con la intención programada. Por ejemplo, un amuleto de protección puede incluir una obsidiana o un ojo de tigre, mientras que un amuleto de amor puede estar hecho con un cuarzo rosa. Estos amuletos pueden llevarse como collares, pulseras o pequeños objetos en el bolsillo, permitiendo que el wiccano tenga consigo una fuente constante de energía en su vida diaria.

La meditación con cristales es una práctica que permite al practicante conectarse profundamente con la energía de la piedra y explorar los misterios de su propio ser. Al meditar con un cristal, el wiccano coloca la piedra en el chakra correspondiente o la sostiene en sus manos, cerrando los ojos y concentrándose en su respiración. Durante la meditación, el practicante permite que la vibración de la piedra armonice su energía y lo guíe hacia un estado de introspección y de claridad. La amatista, por ejemplo, es ideal para meditaciones espirituales, mientras que el cuarzo rosa es perfecto para meditaciones de amor y de compasión. La meditación con cristales no solo aporta paz y equilibrio, sino que también ayuda al wiccano a desarrollar su intuición y a fortalecer su conexión con el mundo espiritual.

La creación de rejillas de cristales es una práctica avanzada en la magia de las piedras. Una rejilla de cristales es una disposición geométrica de piedras en la que cada cristal se coloca en un patrón específico para canalizar y amplificar una intención. Al formar una rejilla, el wiccano combina la energía de varios cristales, creando un campo de fuerza que potencia su propósito. Una rejilla de protección, por ejemplo, puede incluir obsidiana, turmalina negra y cuarzo, dispuestos en un patrón circular o triangular que emite una energía protectora en el espacio. Las rejillas de cristales son especialmente útiles para trabajar con intenciones de largo plazo o para proyectos que requieren estabilidad y apoyo continuo.

La magia de las piedras en la Wicca no es solo una práctica de uso de cristales, sino un acto de comunión y de respeto por el poder de la tierra. Cada cristal es un símbolo de la energía primordial de la creación, y al trabajar con ellos, el wiccano aprende a escuchar, a observar y a conectar con la vibración de la naturaleza. La magia de las piedras enseña que cada ser en el mundo, ya sea un árbol, una flor o un cristal, posee una sabiduría única y que, al honrar esa sabiduría, el practicante se alinea con la totalidad de la vida.

Los cristales son, en última instancia, maestros y compañeros en el camino espiritual del wiccano. A través de ellos, el practicante descubre el poder de la intención, la belleza de la creación y el potencial de transformación que reside en cada ser. La magia de las piedras recuerda al wiccano que la energía es un lenguaje universal y que, al trabajar en armonía con ella, puede manifestar sus deseos, sanar sus heridas y expandir su conciencia hacia la unidad con el universo.

Capítulo 31
Magia de los Símbolos

La magia de los símbolos, también conocida como sigilización, es una práctica poderosa en la Wicca que permite al practicante materializar sus deseos y conectar con las energías sutiles a través de la creación y el uso de símbolos cargados de intención. Los símbolos, en su forma más esencial, representan ideas y conceptos que trascienden las palabras y que se comunican directamente con el inconsciente y con el universo. La magia de los símbolos consiste en la creación de formas y de signos que contienen una intención específica, programados para atraer, repeler o transformar energías. A través de esta práctica, el wiccano puede manifestar sus deseos y acceder a planos de percepción que superan la comprensión racional.

El trabajo con símbolos tiene una base profunda en el poder de la visualización y en la capacidad del inconsciente para interpretar y manifestar la intención. Cada vez que un wiccano crea un símbolo, está plasmando en él una idea, una emoción y un propósito. Los símbolos funcionan como "puertas energéticas" que canalizan la intención hacia el universo y que la mantienen activa en el plano sutil, reforzando y alineando las fuerzas necesarias para que se materialice. Esta magia simboliza el poder de la mente y de la voluntad para moldear la realidad, recordando al practicante que el primer paso para cualquier manifestación es la claridad de propósito.

Uno de los métodos más comunes en la magia de los símbolos es la creación de sigilos. Un sigilo es un símbolo personal que el wiccano diseña para contener una intención específica. Su proceso comienza con una declaración clara y positiva de lo que el practicante desea lograr, como "tengo paz interior" o "atraigo la abundancia". Luego, se eliminan las letras repetidas y se combinan las restantes de forma creativa, transformando las letras en una figura abstracta que encapsula el propósito. Este proceso no solo refina la intención, sino que la convierte en una imagen única que conecta directamente con el subconsciente, el cual responde a símbolos visuales de manera poderosa y profunda.

Una vez que el sigilo ha sido creado, se debe "cargar" con la energía de la intención. Esta carga se realiza a través de la concentración, la visualización y el enfoque de la voluntad en el símbolo, transfiriéndole la energía necesaria para que funcione como una herramienta mágica. La carga puede lograrse a través de varios métodos, como la meditación profunda, la visualización del objetivo, o incluso prácticas físicas como la danza o el canto, que permiten canalizar la energía en el símbolo. Al cargar el sigilo, el practicante experimenta una conexión intensa con su intención, transformándola en una vibración activa y sintonizada con el universo.

Después de la carga, el sigilo debe "liberarse" para que su efecto comience a manifestarse. Esto implica que el practicante deja de concentrarse conscientemente en su deseo, permitiendo que el simbolismo haga su trabajo en el plano sutil. Algunas tradiciones sugieren quemar el sigilo, enterrarlo o simplemente guardarlo en un lugar sagrado como el altar. El acto de liberar el sigilo es crucial, ya que simboliza la confianza del wiccano en el poder de su magia y en el flujo del universo para materializar su intención.

La magia de los símbolos también se encuentra en los alfabetos sagrados, como las runas y los caracteres de antiguos sistemas mágicos. En la Wicca, las runas nórdicas y el alfabeto celta Ogham son herramientas apreciadas para el trabajo simbólico, ya que cada uno de estos signos contiene significados complejos y energías que el practicante puede invocar en sus rituales. Las runas, en particular, representan fuerzas naturales y arquetípicas que permiten al wiccano trabajar con energías específicas, como la protección, el amor o la transformación. Al escribir o visualizar una runa, el practicante no solo está invocando su significado literal, sino la esencia energética que el símbolo representa.

En la Wicca, los símbolos también se encuentran en los gestos y en las posiciones de las manos, conocidas como mudras. Estos gestos funcionan como "llaves" que abren ciertos flujos energéticos en el cuerpo y en el espacio sagrado, amplificando la conexión con el universo y facilitando el enfoque en la intención del ritual. Al realizar un mudra específico, el wiccano dirige su energía de manera precisa y permite que su intención se manifieste a través de su propio cuerpo, que se convierte en un canal de la magia. Cada mudra está asociado a un propósito particular, como la paz, la fortaleza o la apertura espiritual, y al ser realizado, refuerza el poder del practicante para alinearse con esa energía.

Otro uso común de los símbolos en la Wicca es la creación de círculos y mandalas. Estos patrones, generalmente circulares, simbolizan la totalidad, el equilibrio y la protección, y se utilizan como herramientas de concentración y de meditación. Los mandalas pueden crearse con piedras, con hierbas o incluso dibujarse en el espacio ritual, y su propósito es anclar la energía y proteger el espacio sagrado. Cada elemento en el mandala se dispone cuidadosamente, creando un patrón armonioso que representa el universo en miniatura y que ayuda al practicante a mantener la concentración y a experimentar un estado de unidad con el todo.

La interpretación de los símbolos es un aspecto importante de la magia wiccana, ya que los signos y los presagios aparecen en muchos aspectos de la vida y pueden guiar al practicante en su camino espiritual. El wiccano aprende a observar y a escuchar los mensajes simbólicos que le envía el universo, interpretando los patrones que encuentra en la naturaleza, en los sueños o en las experiencias cotidianas. Este proceso de interpretación es un acto de conexión con lo divino, una manera de descubrir el significado oculto en la vida y de recibir orientación en momentos de incertidumbre.

La magia de los símbolos es, en última instancia, una expresión de la capacidad del wiccano para dar forma a su realidad y para comunicarse con las fuerzas que rigen el universo. A través de los sigilos, de las runas, de los gestos y de los patrones, el practicante conecta con el poder de su intención y descubre que, en cada símbolo, reside una energía que lo conecta con el todo. Los símbolos no son solo herramientas; son representaciones de la energía y de la esencia que cada ser humano lleva en su interior.

Al trabajar con símbolos, el wiccano aprende a expresar sus deseos y a manifestar sus intenciones de manera sutil y poderosa. La magia de los símbolos le recuerda que la verdadera fuerza radica en el enfoque y en la claridad de propósito, y que cada signo, cada imagen y cada forma creada con amor y con respeto es una conexión directa con el universo y con el poder de la creación.

Capítulo 32
Magia de los Sueños

La magia de los sueños es una práctica ancestral en la Wicca, una forma de conectar con el inconsciente y de recibir mensajes del plano espiritual. Los sueños son puertas hacia el misterio, espacios donde el alma explora otros planos de existencia y donde los símbolos, los arquetipos y las emociones cobran vida en formas que trascienden la lógica consciente. En la Wicca, los sueños se consideran tanto un canal de comunicación con el universo como una herramienta poderosa para la introspección y el crecimiento espiritual. La magia de los sueños permite al practicante explorar su propio ser, recibir guía espiritual y trabajar con la energía sutil de la mente durante el sueño.

La práctica de la magia de los sueños comienza con la preparación de la mente y el entorno antes de dormir. El wiccano entiende que el sueño es un estado de apertura y de vulnerabilidad, y prepara su espacio para entrar en él de manera consciente y en paz. Un acto común es limpiar la habitación con hierbas como el romero o la lavanda, que purifican el ambiente y fomentan la relajación. Algunos practicantes eligen encender una vela o colocar un cristal bajo la almohada, como el cuarzo o la amatista, para reforzar la claridad de los sueños y la conexión con el plano espiritual. Este pequeño ritual es una invitación a la energía del universo para que guíe y proteja el viaje onírico.

El registro de los sueños en un diario es una herramienta esencial para el wiccano que trabaja con la magia de los sueños. Anotar los sueños al despertar permite al practicante capturar detalles y emociones antes de que la memoria los disipe. Con el tiempo, el diario de sueños se convierte en una especie de mapa del inconsciente, donde se pueden descubrir patrones, símbolos recurrentes y temas que el espíritu desea explorar. Estos registros ayudan al wiccano a comprender mejor su propio proceso de evolución espiritual y a detectar mensajes importantes que pueden guiar su camino. Al revisar el diario de sueños, el practicante puede percibir cómo ciertos símbolos o temas reflejan sus experiencias y sus lecciones de vida.

La interpretación de los sueños es una habilidad que se desarrolla con el tiempo y que requiere tanto intuición como introspección. Cada sueño contiene símbolos que pueden tener significados universales, pero también significados personales. Por ejemplo, el agua en un sueño suele representar emociones, pero el contexto y la sensación específica del soñador pueden transformar su significado en algo único. El wiccano aprende a identificar sus propios símbolos personales y a interpretar sus sueños desde una perspectiva intuitiva, permitiendo que cada imagen le revele una parte de su ser. Al honrar los mensajes de los sueños, el practicante se abre a la sabiduría de su inconsciente y a la guía de los planos superiores.

El trabajo con sueños lúcidos es una práctica avanzada en la magia de los sueños. Un sueño lúcido es aquel en el que el soñador es consciente de que está soñando y puede influir activamente en el desarrollo del sueño. En la Wicca, los sueños lúcidos se consideran una oportunidad para explorar el inconsciente de manera consciente y para trabajar con intenciones específicas dentro del sueño. Con la práctica, el wiccano puede aprender a reconocer el estado de sueño lúcido y a aprovecharlo para recibir mensajes claros, sanar aspectos de su psique o conectar con guías espirituales. La experiencia de un sueño lúcido permite al practicante comprender que los sueños no son solo reflejos de la mente, sino también un espacio de poder y de transformación.

Un aspecto importante de la magia de los sueños es la práctica de la incubación de sueños, que consiste en sembrar una intención específica antes de dormir con el propósito de recibir respuestas o de resolver un conflicto interno. La incubación de sueños puede realizarse formulando una pregunta clara, como "¿Cuál es mi próximo paso en mi camino espiritual?" o "¿Cómo puedo sanar esta relación?". Antes de dormir, el practicante se concentra en la pregunta y visualiza que el sueño traerá la respuesta. Esta práctica ayuda al wiccano a enfocarse en temas importantes y a invitar a su inconsciente a revelar la sabiduría que necesita.

Las hierbas juegan un papel importante en la magia de los sueños, ya que ciertas plantas tienen propiedades que favorecen los sueños lúcidos o que ayudan a recordar los sueños. El ajenjo, por ejemplo, es conocido por su capacidad de inducir sueños vívidos y de fortalecer la conexión con los planos espirituales, aunque debe usarse con precaución y en pequeñas cantidades. La lavanda, en cambio, es calmante y ayuda a tener sueños tranquilos y reparadores, mientras que el laurel puede colocarse bajo la almohada para promover sueños proféticos. Estas hierbas pueden utilizarse en saquitos, en infusiones o en aceites esenciales, permitiendo que su energía apoye el trabajo mágico en el plano onírico.

La protección es un aspecto fundamental en la magia de los sueños, ya que el practicante abre su ser a energías y a experiencias que pueden ser intensas o perturbadoras. Para asegurar un espacio seguro, el wiccano puede crear un pequeño círculo de protección antes de dormir, visualizando una luz que rodea su cama y que actúa como un escudo de paz y de serenidad. Algunas personas colocan cristales como la turmalina negra o la obsidiana junto a la cama para protegerse de influencias negativas, permitiendo que solo las energías beneficiosas y amorosas accedan a su espacio de sueño.

La magia de los sueños en la Wicca no solo es un camino de autoconocimiento, sino también una oportunidad de conectarse con los ancestros y con los guías espirituales. En los sueños, el velo entre los mundos es más delgado, y es común que el wiccano reciba mensajes de seres que desean ofrecer su guía o su apoyo. Estos encuentros pueden sentirse profundamente reales y pueden dejar una huella emocional en el practicante, recordándole que nunca está solo en su viaje. A través de la conexión con sus ancestros, el practicante se nutre de la sabiduría de quienes han recorrido el camino antes que él y recibe sus bendiciones en el plano onírico.

Los símbolos en los sueños son mensajes del inconsciente y pueden representar tanto situaciones personales como verdades universales. En la Wicca, ciertos símbolos son comunes en el trabajo onírico: el agua suele representar las emociones; la montaña, los desafíos y el crecimiento; el fuego, la transformación; y la tierra, la estabilidad y la conexión con la vida. Al trabajar con estos símbolos, el wiccano aprende a interpretar sus propios sueños de manera más profunda y a descubrir mensajes que pueden enriquecer su vida y su práctica espiritual.

En la magia de los sueños, los espejos también desempeñan un papel simbólico, ya que representan la reflexión y el autoconocimiento. Mirarse en un espejo dentro de un sueño puede simbolizar la autoaceptación o la exploración de la identidad profunda. También existen técnicas avanzadas para utilizar espejos en el entorno físico como portales para la exploración de los sueños, permitiendo al wiccano experimentar una conexión más clara entre los planos de vigilia y de sueño. Estas prácticas, sin embargo, requieren experiencia y respeto, ya que el trabajo con espejos en la magia onírica abre puertas hacia el inconsciente y hacia planos de percepción que pueden ser intensos.

La magia de los sueños, en última instancia, es un camino hacia el autodescubrimiento y la sanación en la Wicca. Cada sueño, cada símbolo y cada mensaje recibido en el mundo onírico es una pieza de sabiduría que el practicante puede integrar en su vida. Los sueños enseñan que la realidad es mucho más vasta de lo que percibimos en el estado de vigilia y que, en la quietud y en la oscuridad de la noche, el alma puede revelar sus secretos y abrir caminos hacia el misterio.

A través de la magia de los sueños, el wiccano descubre que los mundos internos son tan vastos y complejos como el universo externo, y que el viaje hacia uno mismo es tan profundo y sagrado como cualquier ritual o práctica espiritual. Los sueños le recuerdan que la vida es un constante flujo de descubrimiento y de transformación, y que cada noche ofrece la oportunidad de explorar y de sanar. Al abrazar el poder de la magia onírica, el practicante despierta a su verdadera esencia y comprende que, en cada sueño, yace una parte del misterio divino esperando ser revelado.

Capítulo 33
Videncia Natural

La videncia natural en la Wicca es la capacidad de percibir lo invisible, de acceder a conocimientos que están más allá de los sentidos ordinarios y de conectar con las energías sutiles del universo. Esta habilidad, también conocida como "la segunda vista" o "clarividencia," es vista en la Wicca como una forma de comunicación con los planos espirituales y como una herramienta para la guía y el autoconocimiento. La videncia natural no es solo un don reservado a unos pocos, sino una habilidad latente que todos pueden desarrollar con práctica, atención y apertura. Para los wiccanos, esta conexión con el mundo espiritual es una manera de explorar el misterio de la vida y de recibir orientación en su camino personal y espiritual.

El desarrollo de la videncia natural comienza con la sensibilización y la apertura del tercer ojo, el centro de percepción intuitiva localizado entre las cejas. En la Wicca, el tercer ojo es considerado un portal hacia los planos espirituales y la fuente de la percepción extrasensorial. Para activar y fortalecer el tercer ojo, el wiccano puede utilizar técnicas de meditación y visualización, enfocándose en esta zona con una luz suave e imaginando que se expande, permitiéndole ver más allá de lo físico. Este proceso requiere paciencia y una práctica constante, pero con el tiempo, el practicante aprende a percibir imágenes, sensaciones y mensajes que provienen de un lugar más profundo de su ser.

Uno de los métodos fundamentales para desarrollar la videncia natural es la práctica de la meditación, que ayuda al practicante a silenciar la mente y a acceder a un estado de conciencia receptivo. Al entrar en este estado de calma y de apertura, el wiccano se sintoniza con las energías sutiles que lo rodean y se vuelve más consciente de los mensajes intuitivos que surgen en su interior. Esta meditación puede realizarse visualizando un símbolo de apertura, como una puerta o una luz, que se va expandiendo y que permite que la percepción fluya libremente. A medida que el practicante medita, descubre que su intuición se vuelve más clara y que puede percibir información que antes permanecía oculta.

La observación de los patrones en la naturaleza es otra forma de desarrollar la videncia natural. En la Wicca, se cree que la naturaleza es un espejo de los ciclos internos del alma y que, al prestar atención a sus ritmos, el practicante puede comprender mejor sus propios procesos y los mensajes del universo. La caída de las hojas, el cambio de las estaciones y el vuelo de un ave en un momento particular son vistos como señales que pueden ofrecer orientación. A través de la observación de estos patrones, el wiccano aprende a leer los símbolos naturales y a interpretarlos como mensajes de lo divino, afinando su capacidad de percepción y de conexión con el mundo que lo rodea.

El uso de herramientas de adivinación es una práctica común en la Wicca para desarrollar la videncia natural. Las cartas del tarot, las runas, el péndulo y las bolas de cristal son algunos de los métodos que ayudan al practicante a canalizar su intuición y a acceder a conocimientos ocultos. Cada herramienta tiene su propio simbolismo y su propio lenguaje, y al trabajar con ellas, el wiccano aprende a interpretar las imágenes y los patrones que se presentan. La clave para el uso efectivo de estas herramientas es la apertura y la confianza en la intuición, permitiendo que el conocimiento fluya sin esfuerzo. A través de la práctica regular, el practicante desarrolla una conexión más profunda con su intuición y una comprensión más clara de los mensajes que recibe.

El desarrollo de la videncia natural también se apoya en el trabajo con los sueños. Como se explicó en la magia de los sueños, el mundo onírico es un espacio donde la mente consciente se relaja y permite que el inconsciente revele sus mensajes. En la Wicca, se cree que los sueños pueden ofrecer visiones y mensajes proféticos, y que prestar atención a ellos fortalece la capacidad de percepción extrasensorial. Al registrar y analizar los sueños, el wiccano descubre patrones y símbolos personales que enriquecen su intuición. Con el tiempo, el practicante puede aprender a reconocer los sueños que contienen mensajes importantes y a interpretar su significado de manera precisa.

La conexión con guías espirituales es otra faceta importante de la videncia natural en la Wicca. Los guías espirituales, ya sean ancestros, animales de poder o espíritus de la naturaleza, pueden ofrecer apoyo y sabiduría a lo largo del camino del practicante. Para establecer esta conexión, el wiccano puede utilizar meditaciones específicas en las que invita a sus guías a presentarse y a comunicarse. La clave en este proceso es la paciencia y la disposición a recibir, ya que los mensajes de los guías suelen llegar de manera sutil, como intuiciones, imágenes o sensaciones. Con el tiempo, el practicante aprende a reconocer la presencia de sus guías y a confiar en su apoyo en momentos de decisión o de incertidumbre.

El ejercicio de la visualización es otra técnica efectiva para desarrollar la videncia natural. La visualización consiste en imaginar de manera vívida una escena, una imagen o un símbolo y en sostenerla en la mente el mayor tiempo posible. Este ejercicio fortalece la capacidad del tercer ojo y entrena a la mente para mantener la concentración en una imagen. Al practicar la visualización, el wiccano descubre que su capacidad para ver y para percibir se amplifica, y que las imágenes intuitivas se vuelven más claras y precisas. Con la práctica, esta habilidad permite al practicante visualizar intenciones y recibir mensajes de los planos sutiles.

La práctica de la lectura energética también es una herramienta en el desarrollo de la videncia natural. La lectura energética implica percibir el campo de energía de personas, lugares o situaciones y comprender su estado. En la Wicca, esta habilidad se considera una extensión de la empatía y de la intuición, y permite al practicante sintonizarse con la vibración de su entorno. Para realizar una lectura energética, el wiccano se centra en su respiración y se abre a las sensaciones que percibe en su entorno, como la temperatura, la densidad o las emociones que siente. Esta percepción le permite captar la energía de las personas y de los lugares, brindándole información valiosa sobre el estado emocional o espiritual del entorno.

La videncia natural también incluye la capacidad de recibir premoniciones o sensaciones sobre eventos futuros. Estas premoniciones pueden manifestarse de muchas maneras, como un sentimiento, una imagen o un "saber" repentino. Para el wiccano, estas experiencias son una manifestación de la conexión con el flujo de la vida y con la totalidad del tiempo. Al cultivar la videncia natural, el practicante aprende a confiar en estas impresiones y a reconocerlas como parte de su conexión con el universo. Estas premoniciones pueden ser mensajes de advertencia, de guía o de preparación, y al recibirlas, el practicante agradece al universo por su orientación.

La práctica de la videncia natural en la Wicca no es solo una habilidad mágica; es una forma de vida que permite al practicante vivir en armonía con su intuición y con los ciclos de la naturaleza. La videncia natural enseña al wiccano a confiar en su percepción y a experimentar la vida desde un lugar de apertura y de sensibilidad. Esta capacidad no es una "visión" en el sentido tradicional, sino una forma de conocer y de experimentar la realidad de manera profunda y sutil.

A través de la videncia natural, el wiccano descubre que el mundo es un tejido de energía y de significados y que, al abrirse a sus mensajes, puede navegar su vida con claridad y con confianza. La videncia natural es una habilidad que, aunque requiere práctica y dedicación, ofrece una conexión genuina con los misterios de la vida y con la esencia espiritual de la existencia. En última instancia, la videncia natural es una expresión de la conexión del wiccano con lo divino y una herramienta para caminar en armonía con el universo y con la sabiduría que habita en cada rincón de la creación.

Capítulo 34
Oráculos Elementales

En la Wicca, los oráculos elementales son métodos de adivinación y de conexión espiritual que se fundamentan en la observación de los elementos naturales: tierra, agua, aire y fuego. Cada elemento posee una energía particular y representa distintos aspectos de la vida y de la experiencia humana. Al trabajar con los oráculos elementales, el wiccano se sintoniza con la sabiduría inherente en la naturaleza, aprendiendo a interpretar los mensajes que los elementos revelan y a recibir orientación espiritual en momentos de duda o de búsqueda interior. Los oráculos elementales enseñan que el universo se comunica constantemente, y que, al observar los signos y los patrones naturales, el practicante puede descubrir respuestas y conocimientos que trascienden el plano racional.

El oráculo de la tierra es uno de los métodos más antiguos y se relaciona con la observación de patrones y signos en la tierra misma. Este oráculo se asocia con la estabilidad, la protección y las cuestiones materiales, como la seguridad y el bienestar físico. Uno de los métodos de adivinación de tierra más comunes es la geomancia, una técnica que consiste en trazar patrones o figuras en el suelo y analizar sus formas y disposiciones. Estos patrones se interpretan como mensajes del universo, revelando aspectos de la situación que el practicante desea comprender. Además, el wiccano puede observar el comportamiento de las plantas, las formaciones rocosas y las huellas en la tierra para recibir señales de los espíritus de la naturaleza y obtener una visión de su propio camino.

El oráculo del agua se asocia con la emoción, la intuición y los asuntos del corazón. La hidromancia, o adivinación en el agua, es una de las prácticas de este oráculo y se realiza mediante la observación de reflejos, patrones de ondulación y formas en el agua. En un lugar tranquilo, el wiccano puede contemplar la superficie de un estanque o un cuenco de agua y observar cómo se manifiestan los patrones y las imágenes en el agua. La quietud del agua es especialmente importante en esta práctica, pues se cree que cuando la mente está serena y el agua está en calma, la energía fluye libremente, y el oráculo puede revelar visiones y símbolos. Además de la hidromancia, el wiccano puede lanzar pequeños objetos al agua y observar cómo las ondas y las formas que se crean reflejan respuestas a sus preguntas.

El oráculo del aire se relaciona con la mente, la comunicación y el cambio. Para el wiccano, el aire es el elemento de la inspiración y del conocimiento intuitivo, y su oráculo se expresa en el movimiento y en los sonidos del entorno. Una técnica de adivinación aérea es la aeromancia, que consiste en observar las nubes, el viento y los patrones en el cielo. La forma de las nubes, la dirección y la velocidad del viento pueden interpretarse como símbolos que responden a las preguntas del practicante. El wiccano también puede observar el vuelo de las aves, pues en muchas tradiciones, se considera que los pájaros son mensajeros de los dioses y portadores de mensajes importantes. El comportamiento de las aves, su dirección y los sonidos que emiten se interpretan como mensajes de lo divino, recordando al practicante que el aire es un puente entre el mundo terrenal y el espiritual.

El oráculo del fuego es el oráculo de la transformación, de la purificación y de la fuerza de voluntad. La piromancia, o adivinación mediante el fuego, es una práctica antigua que consiste en observar las llamas y en interpretar sus formas y movimientos. El wiccano enciende una vela o una fogata y observa cómo la llama cambia de forma, su intensidad y su color. Una llama que oscila o que crepita puede interpretarse como una respuesta afirmativa o como un cambio que se avecina, mientras que una llama estable y clara puede simbolizar paz y seguridad. En algunas prácticas de piromancia, el practicante también puede escribir una pregunta en un trozo de papel y quemarlo en el fuego, observando la manera en que se consume y permitiendo que la energía del fuego transmita su respuesta. Al observar el fuego, el wiccano conecta con el poder de la transmutación y con la esencia pura de su propia voluntad.

Además de los oráculos individuales, el wiccano puede combinar elementos para obtener una visión más completa de una situación. Por ejemplo, un ritual que combine fuego y agua puede utilizarse para trabajar la purificación emocional y la resolución de conflictos internos. En este ritual, el wiccano puede encender una vela y colocar un cuenco de agua frente a ella, permitiendo que las dos energías se equilibren y guíen su proceso de reflexión. Al mezclar los elementos, el practicante también armoniza sus propias energías internas, integrando los aspectos físico, emocional, mental y espiritual de su ser.

Los oráculos elementales también pueden realizarse en espacios naturales donde los elementos están en su estado más puro, como en un bosque, cerca de un río, en la cima de una colina o frente a una fogata. Estos lugares actúan como "templos naturales" y fortalecen la conexión entre el wiccano y la energía de los elementos. En un entorno natural, el practicante se abre a los mensajes sutiles de la tierra, el agua, el aire y el fuego, y permite que los espíritus de la naturaleza le guíen. Este contacto directo con los elementos es una experiencia sagrada que recuerda al wiccano su lugar en el mundo y su relación con las fuerzas naturales.

El trabajo con los oráculos elementales es también un ejercicio de respeto y de humildad. Al pedir orientación a los elementos, el wiccano reconoce que la naturaleza es sabia y que su energía está entrelazada con la de cada elemento. Cada oráculo es un recordatorio de la importancia de la gratitud y de la reverencia hacia los elementos, y al finalizar cada práctica, el wiccano agradece a la tierra, al agua, al aire y al fuego por su guía y su apoyo. Este acto de agradecimiento mantiene el equilibrio energético y muestra el respeto del practicante por las fuerzas que lo acompañan.

En la Wicca, los oráculos elementales no son solo herramientas para conocer el futuro o para resolver dudas, sino una forma de crecimiento espiritual y de autoconocimiento. Cada elemento refleja una parte del ser humano, y al trabajar con ellos, el practicante aprende a conocerse mejor y a vivir en armonía con los ciclos de la naturaleza. Los oráculos elementales enseñan que las respuestas no siempre están en el exterior, sino en el interior de cada ser y en la conexión que tiene con la vida.

Los oráculos elementales son una manifestación del flujo de la vida y del diálogo constante entre el ser humano y el universo. A través de ellos, el wiccano descubre que cada elemento tiene una voz, y que al escucharla, puede encontrar paz, sabiduría y guía. Los oráculos elementales, en su esencia, revelan que la naturaleza es un reflejo del alma humana y que, al entender sus mensajes, el practicante se conoce a sí mismo y honra el equilibrio sagrado del universo.

Capítulo 35
Lenguaje Simbólico

En la Wicca, el lenguaje simbólico es la llave que abre el acceso a los misterios de la existencia, una forma de comunicación que trasciende las palabras y que conecta directamente con el inconsciente y con los planos espirituales. Los símbolos son herramientas sagradas que los wiccanos utilizan para dar forma y significado a lo invisible, a los arquetipos universales y a las energías que componen la vida. Cada símbolo es una representación de fuerzas sutiles que existen más allá del plano material y, al trabajar con ellos, el practicante descubre significados profundos y establece una conexión íntima con la esencia misma del universo.

El lenguaje simbólico se manifiesta en todas las facetas de la práctica wiccana: desde los símbolos grabados en el altar y las herramientas rituales hasta los gestos, las posiciones y los movimientos en los rituales. Cada elemento en un espacio sagrado es una imagen que evoca un poder, un principio o una enseñanza espiritual. Estos símbolos no solo representan ideas abstractas, sino que también canalizan y contienen energía, funcionando como puntos de enfoque para la intención y la voluntad del practicante. En la Wicca, aprender el lenguaje simbólico es esencial, ya que permite al wiccano entender y comunicarse con el mundo natural y espiritual de una manera directa y significativa.

El pentáculo, uno de los símbolos más importantes en la Wicca, representa la conexión del ser humano con los cuatro elementos —tierra, aire, fuego y agua— y con el espíritu. El círculo que rodea la estrella de cinco puntas simboliza la unidad y la protección, y al contemplar este símbolo, el wiccano recuerda su conexión con la totalidad de la existencia. El pentáculo es un símbolo de protección, de equilibrio y de armonía, y su presencia en el altar o en las herramientas rituales actúa como un escudo que sostiene la energía del practicante y que refuerza su conexión con las fuerzas universales.

Otro símbolo esencial en la Wicca es la espiral, que representa el ciclo de la vida, la muerte y el renacimiento, así como el viaje interno de autoconocimiento. La espiral es una forma que se encuentra en la naturaleza, desde los caracoles hasta las galaxias, y en la Wicca se utiliza para recordar que todo en el universo sigue un patrón de expansión y de regreso al origen. Este símbolo inspira al wiccano a explorar su propio ser y a aceptar los ciclos de transformación que son parte de la experiencia espiritual. La espiral invita a la reflexión y a la meditación, enseñando que el camino hacia la comprensión es continuo y siempre en evolución.

La luna y el sol también son símbolos fundamentales en la Wicca, representando la dualidad y el equilibrio de lo femenino y lo masculino, de la receptividad y de la actividad, de la intuición y de la fuerza. La luna simboliza la Diosa, la intuición, los misterios y los ciclos naturales, mientras que el sol representa el Dios, la energía vital y la luz que ilumina y sostiene la vida. Al observar estos símbolos en el cielo y al usarlos en rituales, el wiccano conecta con la energía de la Diosa y del Dios, recordando que ambos aspectos son esenciales y complementarios en la creación y en el flujo de la vida.

La rueda del año es otro símbolo importante en la Wicca, ya que representa los ciclos estacionales y las festividades que honran los cambios de la naturaleza. La rueda se divide en ocho Sabbats o celebraciones, cada una de las cuales refleja una fase del ciclo de crecimiento, de cosecha y de descanso de la tierra. La rueda del año enseña al practicante a vivir en armonía con los ciclos naturales y a celebrar cada etapa de la vida con gratitud y respeto. Este símbolo es una herramienta de aprendizaje y de conexión con el tiempo sagrado, recordando al wiccano que la naturaleza es una maestra constante y que cada estación tiene su propia enseñanza y energía.

En el trabajo mágico, los sigilos son otro aspecto del lenguaje simbólico que permite al wiccano plasmar y concentrar su intención en un símbolo personal y único. Como se explicó en capítulos anteriores, los sigilos son símbolos que el practicante diseña para contener una intención específica, combinando letras o formas que se transforman en un dibujo abstracto. Este símbolo se carga con la energía de la voluntad y se utiliza en rituales o meditaciones para atraer, proteger o transformar. Los sigilos son una expresión de la capacidad creativa del wiccano y de su poder para dar forma a sus deseos y a sus sueños, infundiéndoles vida en el mundo material.

El lenguaje simbólico también se manifiesta en los colores, ya que cada tono emite una vibración y una energía específica. En la Wicca, los colores se utilizan para representar distintas cualidades y para reforzar la intención en los rituales. El rojo, por ejemplo, simboliza la pasión, la vitalidad y el coraje, y se usa en hechizos de amor o de fuerza. El verde representa la sanación, la prosperidad y la conexión con la naturaleza, mientras que el blanco se asocia con la pureza y la paz, y se emplea en rituales de limpieza y de protección. Al trabajar con colores, el wiccano elige conscientemente aquellos que armonicen con sus propósitos, utilizando su energía para potenciar sus intenciones.

El lenguaje simbólico también se encuentra en la forma de las herramientas rituales. Cada herramienta en la Wicca tiene un significado específico y representa un elemento o un aspecto de la práctica mágica. El athame, un cuchillo ceremonial, simboliza el elemento aire o fuego (según la tradición) y representa la voluntad y la dirección de la energía. La copa simboliza el agua y el aspecto receptivo de la naturaleza, mientras que el pentáculo representa la tierra y el poder de la manifestación. Cada herramienta es, en sí misma, un símbolo de las fuerzas universales, y al utilizarlas en rituales, el wiccano activa su poder y su significado en el espacio sagrado.

El lenguaje simbólico de los números es otra herramienta que los wiccanos utilizan para interpretar los mensajes del universo. Los números, al igual que los colores y las formas, tienen una vibración y un significado que pueden guiar al practicante en su vida y en su práctica espiritual. El número tres, por ejemplo, simboliza la tríada de la Diosa en sus aspectos de Doncella, Madre y Anciana, así como la manifestación de cuerpo, mente y espíritu. El número siete representa la armonía y la conexión con lo divino, mientras que el cinco, al igual que el pentáculo, simboliza la unión de los cuatro elementos con el espíritu. Al observar patrones numéricos y al utilizar números en sus rituales, el wiccano se sintoniza con las energías universales y descubre significados ocultos en las coincidencias y en las sincronicidades.

El lenguaje simbólico también se expresa en la naturaleza, en los patrones y en los comportamientos de los animales, las plantas y los fenómenos naturales. El vuelo de un ave, el florecimiento de una planta o la aparición de un arcoíris pueden interpretarse como símbolos que transmiten mensajes del universo. Cada ser en la naturaleza tiene su propio simbolismo, y al observar su comportamiento, el wiccano descubre enseñanzas y guía para su vida. Un búho puede simbolizar sabiduría e introspección, mientras que un ciervo representa gentileza y sensibilidad. Al prestar atención a estos símbolos, el practicante honra el conocimiento de la naturaleza y permite que su energía guíe sus pasos.

La interpretación del lenguaje simbólico en la Wicca es un arte que requiere sensibilidad, apertura y una conexión profunda con la intuición. Al aprender a interpretar símbolos, el wiccano descubre que el universo siempre está hablando y que, al escuchar sus mensajes, puede vivir en armonía con las fuerzas que lo rodean. La magia del lenguaje simbólico es un recordatorio de que la vida está llena de significados y de que, al entender su propio lenguaje interno, el practicante puede descubrir la belleza y la sabiduría que habitan en cada rincón del universo.

A través del lenguaje simbólico, el wiccano no solo se comunica con lo divino, sino que también explora su propia esencia, descubriendo aspectos profundos de su ser. Este lenguaje le enseña que la vida es un viaje de aprendizaje y de conexión, y que cada símbolo es una guía en su camino hacia la realización espiritual. El lenguaje simbólico en la Wicca es, en última instancia, una celebración de la interconexión de todas las cosas, una manifestación del amor y del respeto hacia el misterio de la creación y una herramienta sagrada para descubrir la verdad que yace en el corazón del universo.

Capítulo 36
Augurios Naturales

La práctica de los augurios naturales en la Wicca es una forma de adivinación que permite al practicante leer los mensajes del universo a través de señales y patrones en la naturaleza. Este antiguo arte, también conocido como omenología, se basa en la creencia de que la naturaleza está en constante comunicación con nosotros y que, al observarla con atención y respeto, podemos recibir orientación y respuestas a nuestras preguntas más profundas. Los augurios naturales enseñan al wiccano a escuchar el susurro de los árboles, a observar el vuelo de las aves, a interpretar los patrones de las nubes y a recibir la sabiduría que la tierra y sus habitantes ofrecen.

La observación de los augurios comienza con la conexión con la tierra, un estado de sintonización que permite al wiccano estar presente y receptivo a las energías que lo rodean. Este acto de apertura es fundamental, ya que la naturaleza se manifiesta de manera sutil, y para captar sus mensajes, el practicante debe aprender a percibir lo que normalmente podría pasar desapercibido. En la Wicca, se cree que los mensajes llegan cuando la mente está tranquila y el corazón está abierto, permitiendo que el flujo de la vida se exprese en formas que el practicante puede interpretar y comprender.

Uno de los métodos más comunes de leer augurios naturales es la observación del vuelo y del comportamiento de las aves. En la Wicca, las aves se consideran mensajeras de lo divino, y cada especie y cada movimiento tienen un significado particular. Un cuervo volando en dirección del wiccano puede representar el misterio y el poder de la transformación, mientras que el vuelo de un águila simboliza la visión y la fuerza espiritual. El número de aves, la dirección de su vuelo y su comportamiento (si se posan cerca, si emiten algún sonido específico) se interpretan como mensajes que reflejan el estado de energía del practicante y las fuerzas que lo rodean. Este tipo de augurio enseña que cada momento en la naturaleza es único y que cada encuentro con los animales tiene un significado especial.

La interpretación de los patrones de las nubes y de los movimientos en el cielo es otra forma de augurio natural conocida como aeromancia. En la Wicca, el cielo se percibe como un reflejo de la mente y del espíritu, y la forma de las nubes y sus movimientos pueden interpretarse como respuestas a preguntas o como indicaciones del estado emocional del practicante. Las nubes que adoptan formas de animales, figuras humanas o símbolos específicos son consideradas manifestaciones del universo que responden a las preguntas o inquietudes del wiccano. Este tipo de lectura no es una técnica rígida; al contrario, requiere que el practicante abra su intuición y permita que su mente reconozca el simbolismo de cada forma en el cielo.

La lectura de señales en el viento es una práctica intuitiva en los augurios naturales. El viento, como representante del elemento aire, es el portador de mensajes y el canal que conecta el plano material con el espiritual. La fuerza, la dirección y la sensación del viento pueden interpretarse como mensajes. Un viento suave puede simbolizar paz y aceptación, mientras que una ráfaga intensa puede representar un cambio inminente o un llamado a la acción. El wiccano, al estar en contacto con el viento, aprende a percibir su energía y a escuchar los mensajes que porta, permitiendo que su cuerpo y su mente se alineen con el flujo de la vida.

El movimiento del agua, especialmente en ríos, lagos o en el mar, también se utiliza para leer augurios naturales. La hidromancia, o lectura del agua, implica observar la dirección de las corrientes, las formas que se crean en la superficie y los objetos que fluyen en el agua. En un río, un cambio repentino en el flujo, o la aparición de burbujas o remolinos, pueden interpretarse como respuestas o advertencias. Para los wiccanos, el agua es el elemento de la intuición y de la emoción, y su estado refleja el equilibrio o el desequilibrio en el mundo emocional del practicante. Al interpretar los patrones en el agua, el wiccano permite que sus propios sentimientos emerjan y se reflejen en la superficie, descubriendo así verdades sobre su estado interior.

La caída de hojas, ramas o frutos en el suelo puede interpretarse como un augurio de la tierra. Este tipo de observación se basa en la conexión con el ciclo de vida y muerte que la naturaleza experimenta continuamente. La aparición inesperada de una flor en un lugar particular, la caída de una hoja a los pies del practicante o el encuentro con una piedra de forma única pueden ser señales de protección, de renacimiento o de consejo. Estos augurios enseñan al wiccano que la tierra está en constante diálogo con él y que, al observarla con respeto y atención, puede descubrir mensajes que lo guían en su vida.

El comportamiento de los animales en la naturaleza es otro medio para leer augurios, especialmente cuando el wiccano se encuentra con un animal que aparece de manera inesperada o que muestra un comportamiento poco común. Los animales, en la Wicca, representan arquetipos y energías específicas. Un zorro, por ejemplo, puede simbolizar la astucia y la adaptabilidad, mientras que un ciervo puede representar la gentileza y la sensibilidad. Al encontrarse con un animal en la naturaleza, el practicante se pregunta cuál es el mensaje que este ser le ofrece, permitiendo que la energía del animal se convierta en una guía en su camino espiritual. El wiccano aprende a honrar a cada criatura como un ser sagrado que refleja una parte de sí mismo.

La aparición de señales numéricas en la naturaleza, como la repetición de números en hojas, en piedras o en elementos dispersos, es otro tipo de augurio natural. La numerología en la Wicca tiene un significado profundo, y ciertos números se consideran sagrados o de especial poder. El número tres, por ejemplo, es símbolo de la tríada de la Diosa y del equilibrio entre cuerpo, mente y espíritu. El número cuatro se relaciona con los elementos y con la estabilidad, mientras que el siete es símbolo de lo divino y de la conexión espiritual. La repetición de ciertos números en la naturaleza es vista como una señal que confirma o que responde a las intenciones y preguntas del practicante, y al observar estos patrones, el wiccano comprende que el universo se comunica a través de cada detalle.

Para recibir y entender los augurios naturales, el wiccano practica la paciencia y el respeto por el flujo de la vida. Los augurios no siempre llegan en el momento esperado ni en la forma deseada; más bien, surgen de manera espontánea y natural cuando el practicante está receptivo y en armonía con su entorno. Esta apertura permite que los mensajes lleguen de manera clara y directa, sin ser forzados, recordando al practicante que la verdadera guía viene cuando se rinde al ritmo de la naturaleza y permite que su energía fluya.

Los augurios naturales enseñan al wiccano a vivir en constante diálogo con el mundo que lo rodea y a ver cada aspecto de la naturaleza como una expresión de lo divino. Esta práctica es una herramienta de autoconocimiento y de conexión con el universo, una forma de recordar que todos los seres y los elementos están entrelazados y que, al escuchar la naturaleza, el practicante puede encontrar respuestas a sus preguntas más profundas. Los augurios son, en última instancia, una expresión del amor y del respeto hacia la vida y una forma de vivir en sintonía con el espíritu de la creación.

A través de los augurios naturales, el wiccano descubre que cada aspecto de la naturaleza es sagrado y que cada momento en la vida contiene una enseñanza. Este arte de observar y de interpretar es una manifestación de la sabiduría ancestral de la Wicca y un recordatorio de que el universo siempre está en comunicación con aquellos que tienen el corazón y los sentidos abiertos. La práctica de los augurios naturales es una manera de honrar el misterio de la vida y de vivir en armonía con el flujo eterno de la creación.

Capítulo 37
Tejido Mágico

El tejido mágico en la Wicca es el arte de entrelazar energías, intenciones y símbolos para manifestar propósitos y deseos en el mundo material. Esta práctica tiene raíces profundas en muchas culturas ancestrales, donde los hilos y nudos no solo tenían un valor práctico, sino también un poder espiritual. En el tejido mágico, cada nudo, hebra y trama representa la unión de los elementos y la concentración de la voluntad del practicante, transformando un acto creativo en un ritual de manifestación. Para los wiccanos, el tejido es un medio poderoso para anclar sus intenciones y para conectar el plano material con el espiritual, entrelazando en cada puntada y en cada nudo el flujo de sus energías personales con las fuerzas de la naturaleza.

El arte de tejer en la Wicca no solo se limita al uso de hilos y fibras, sino que también abarca cualquier forma de entrelazado energético, como el uso de cuerdas, cintas, y el trabajo con elementos naturales como ramas y hierbas. Cada elemento y cada color de hilo tiene un significado específico y una vibración propia, y el wiccano elige estos materiales en función de su propósito. El rojo, por ejemplo, representa la pasión y la fuerza; el verde, la sanación y la prosperidad; el blanco, la paz y la purificación. Estos colores se combinan de acuerdo con la intención del hechizo, permitiendo que la energía del color amplifique y dirija la energía de la intención.

Uno de los métodos más antiguos y comunes del tejido mágico es el uso de nudos en hechizos de protección, de amor y de prosperidad. En esta práctica, el wiccano utiliza una cuerda o un hilo y va haciendo nudos en ella, cada uno de los cuales representa un paso en el proceso de manifestación de su intención. Al hacer un nudo, el practicante concentra su energía y su pensamiento en el propósito deseado, visualizando cómo el nudo atrapa y contiene esa intención. Al finalizar el hechizo, la cuerda con los nudos se convierte en un amuleto o talismán cargado de poder, que el wiccano puede guardar consigo o colgar en su hogar para que siga trabajando en su beneficio.

La creación de amuletos y talismanes tejidos es otra faceta del tejido mágico. Estos objetos, que pueden adoptar la forma de brazaletes, collares o pequeños sacos de tela, se elaboran con la intención de proteger, atraer o transformar energías. Al tejer un amuleto, el wiccano elige cuidadosamente los materiales y visualiza cada puntada como un acto de voluntad, infundiendo en el objeto su deseo de protección, de salud o de abundancia. Los amuletos tejidos suelen decorarse con símbolos y con colores que refuerzan la intención del practicante. Una vez terminados, estos amuletos se cargan en un ritual y se convierten en protectores o guías que acompañan al wiccano en su vida diaria.

El trenzado y el uso de cintas es otra técnica común en el tejido mágico, especialmente en rituales de unión o de conexión entre dos personas. Este tipo de magia, conocida como "atadura" o "cordonería," es utilizada en rituales de amor, de amistad o de reconciliación, donde las cintas trenzadas simbolizan la unión de energías. En el trenzado, cada hebra representa a una persona o a un aspecto de la situación, y al entrelazarlas, el practicante visualiza cómo las energías se armonizan y se fortalecen mutuamente. Este trenzado se puede hacer con intenciones de protección, de sanación o de bendición, y al finalizar, la cinta se consagra y se utiliza como talismán de unión.

La elaboración de tapices y de redes también forma parte del tejido mágico en la Wicca. Estos tejidos representan la red de la vida, la conexión entre todas las cosas y el flujo constante de la energía. Al tejer un tapiz, el wiccano visualiza cómo cada hebra y cada nudo representan un aspecto de su vida, entrelazándolos de manera armoniosa para crear un patrón de equilibrio y de manifestación. Los tapices y las redes se colocan en altares o en espacios sagrados como recordatorios visuales de la interconexión entre el ser humano y el universo. En estos tejidos, el practicante puede añadir elementos naturales, como plumas, piedras o semillas, que refuerzan la conexión con la naturaleza y que añaden su propia energía a la creación.

El trabajo con "muñecos de nudo" es otra expresión única del tejido mágico. Estos muñecos, también conocidos como "popets," se confeccionan con fibras, hilos o trozos de tela, y representan a una persona o a una situación en particular. A través de los nudos y de los elementos añadidos, el wiccano crea un vínculo con el objeto, cargándolo con la energía de su intención. Estos muñecos se utilizan en rituales de sanación, de protección o de liberación, y al trabajar con ellos, el practicante puede transferir energía de sanación o de bendición a la persona representada. Los muñecos de nudo son especialmente efectivos en rituales de cierre, ya que pueden deshacerse al finalizar el trabajo, simbolizando la disolución de un problema o el cierre de un ciclo.

Los "ojos de Dios" son otro tipo de tejido mágico que se utiliza en la Wicca. Esta forma de tejer consiste en cruzar palos de madera y en envolverlos con hilo o lana de colores, formando un patrón en espiral o en estrella. Los ojos de Dios representan la protección, la claridad y la visión, y se elaboran en rituales de sanación o de bendición para proteger el hogar o para atraer claridad espiritual. Al crear un ojo de Dios, el wiccano visualiza cómo cada hilo envuelve y protege el centro, simbolizando la conexión con lo divino y la protección de la luz interna. Estos objetos se cuelgan en el hogar o en el altar, donde actúan como amuletos que preservan la armonía y que fortalecen la conexión con el espíritu.

Además de su uso en objetos tangibles, el tejido mágico también incluye la creación de "redes energéticas" en el espacio ritual. En esta práctica, el wiccano visualiza una red de luz que conecta cada elemento en el círculo y que ancla la energía en el espacio sagrado. Esta red energética, tejida con visualización y con intención, crea un campo de fuerza que amplifica el poder del ritual y que protege el espacio de influencias externas. Al visualizar cómo los hilos de luz se entrelazan y fortalecen, el practicante refuerza su conexión con los elementos y con los espíritus protectores, creando un espacio de contención y de manifestación.

El tejido mágico enseña al wiccano que la vida misma es una red de conexiones y que cada acción y cada pensamiento son hilos en el gran tapiz de la existencia. A través de esta práctica, el practicante aprende a ser consciente de sus propias intenciones y a entender que cada acto de creación tiene una influencia en el mundo que lo rodea. El tejido mágico es, en última instancia, un acto de comunión con el universo, una forma de colaborar con las fuerzas naturales y de expresar la propia voluntad de manera tangible.

Para el wiccano, el tejido es una meditación en movimiento, una práctica que une lo físico y lo espiritual y que permite experimentar la magia de la manifestación en un objeto físico. Cada nudo, cada hebra y cada trazo de hilo es una expresión de la intención y de la conexión con el todo, un recordatorio de que el poder de la magia reside en la capacidad de entrelazar la mente, el corazón y el espíritu en armonía con la naturaleza.

A través del tejido mágico, el wiccano descubre que la verdadera fuerza de la magia reside en la paciencia, en la dedicación y en el amor hacia la creación. Este arte ancestral enseña que cada hilo es un canal de poder y que, al tejer con propósito, el practicante da vida a sus deseos y crea un espacio donde lo divino y lo terrenal se encuentran en un equilibrio perfecto. El tejido mágico es una forma de honrar la creación y de recordar que, en cada acto de manifestación, el universo responde y se entrelaza con el ser.

Capítulo 38
Magia Planetaria

La magia planetaria en la Wicca es la práctica de trabajar con las energías y con las influencias de los planetas, utilizando sus correspondencias astrológicas y vibraciones para potenciar hechizos, rituales y meditaciones. Cada planeta en el sistema solar simboliza aspectos específicos de la psique y de la vida humana, y al conectarse con estas energías, el wiccano se alinea con los ciclos cósmicos, descubriendo cómo la fuerza de cada planeta puede influir en su propio camino espiritual. La magia planetaria no solo trata de observar los movimientos de los cuerpos celestes, sino de sentir y trabajar en sintonía con ellos, aprovechando su poder para el autoconocimiento y la manifestación.

El Sol, el astro central de nuestro sistema, representa la vitalidad, el poder de la voluntad y la energía de la individualidad. En la magia planetaria, el Sol es símbolo de fuerza y de claridad, y su energía se utiliza para hechizos de éxito, de autoestima y de renovación de energía. Los rituales solares suelen realizarse durante el día, especialmente al amanecer o al mediodía, cuando el Sol está en su máxima expresión. Para el wiccano, trabajar con la energía solar es una forma de conectar con su propio propósito y de reafirmar su voluntad de vivir en plenitud. Los colores dorado y amarillo, así como los cristales de citrino y de ámbar, son afines al Sol y se utilizan para sintonizar con su energía.

La Luna es el astro de la intuición, de la emoción y de los ciclos de cambio. La magia lunar es especialmente valorada en la Wicca, ya que la Luna rige los aspectos espirituales y emocionales de la vida, así como los ritmos de la naturaleza. Cada fase lunar tiene su propia energía: la Luna nueva es ideal para nuevos comienzos y para establecer intenciones; la Luna creciente apoya el crecimiento y el fortalecimiento de proyectos; la Luna llena es poderosa para la manifestación y la culminación, mientras que la Luna menguante favorece la liberación y la purificación. Al trabajar con las fases de la Luna, el wiccano se alinea con el ciclo de transformación y con el flujo de sus emociones, aprendiendo a aprovechar las energías que cada fase ofrece.

Mercurio, el planeta de la comunicación y de la mente, es conocido por su capacidad de facilitar la comprensión, el aprendizaje y el intercambio de ideas. La energía de Mercurio es ideal para hechizos que implican claridad mental, creatividad y resolución de conflictos. Los rituales de Mercurio se realizan mejor en momentos de estudio, de toma de decisiones o de situaciones que requieren una comunicación clara. En la Wicca, los miércoles son días asociados a Mercurio, y los colores afines a su energía son el verde claro y el amarillo. El cuarzo verde y la aventurina son piedras que resuenan con Mercurio, ayudando a aclarar pensamientos y a mejorar la expresión.

Venus, el planeta del amor y de la armonía, gobierna los temas de la belleza, de la atracción y de las relaciones. La energía de Venus se utiliza en la magia para potenciar el amor, la compasión y el equilibrio emocional. Los hechizos de amor, de autoestima y de paz en el hogar se realizan bajo la influencia de Venus, que se considera la energía de la Diosa en su aspecto de amorosa. Los viernes son los días de Venus, y los colores rosa, verde y cobre representan su vibración. El cuarzo rosa y la esmeralda son cristales relacionados con Venus, promoviendo la armonía y la conexión amorosa en todos los aspectos de la vida.

Marte, el planeta de la acción y de la fuerza, es símbolo de coraje, de energía y de defensa. En la magia planetaria, la energía de Marte se utiliza para hechizos de protección, de determinación y de logro. Los rituales asociados a Marte son especialmente útiles en situaciones que requieren una acción decisiva o que exigen la defensa de límites personales. Los martes, el día de Marte, son ideales para estos trabajos, y los colores rojos y anaranjados potencian su energía. La hematita y el jaspe rojo son piedras que sintonizan con Marte, aportando fuerza y estabilidad al practicante.

Júpiter es el planeta de la expansión, de la prosperidad y del crecimiento. Su energía se asocia con la buena fortuna, la abundancia y la sabiduría. Los hechizos para la prosperidad, la expansión personal y la manifestación de oportunidades encuentran un aliado poderoso en la energía de Júpiter. Los jueves son días propicios para realizar rituales de Júpiter, y los colores azul y púrpura, junto con la amatista y la piedra sodalita, resuenan con su vibración. Trabajar con Júpiter ayuda al wiccano a cultivar una mentalidad de abundancia y a abrirse a nuevas posibilidades, recordando que la vida siempre ofrece caminos de crecimiento y de expansión.

Saturno, el planeta de la disciplina y de la estructura, es el maestro de las lecciones de vida y de los límites. La energía de Saturno se utiliza para rituales de estabilidad, de responsabilidad y de protección duradera. Los sábados, el día de Saturno, son favorables para trabajos que requieren paciencia y resistencia, o para hechizos que consolidan estructuras importantes en la vida del practicante. Los colores negro y gris son afines a Saturno, al igual que el ónix y la obsidiana, que proporcionan protección y fortaleza espiritual. La energía de Saturno enseña al wiccano a valorar el trabajo constante y a respetar los ciclos de esfuerzo y de recompensa.

Urano es el planeta de la innovación y de la libertad. Su energía simboliza el cambio repentino, la creatividad y la ruptura de viejas estructuras. Los rituales de Urano son especialmente útiles en momentos de transformación y de apertura a nuevas ideas. Este planeta impulsa el coraje para experimentar y para seguir caminos no convencionales. Los colores asociados a Urano son el azul eléctrico y el verde intenso, y la labradorita es un cristal afín a su energía, promoviendo la intuición y la innovación. Al trabajar con Urano, el wiccano se sintoniza con su poder transformador y aprende a abrazar el cambio con confianza y apertura.

Neptuno, el planeta de la intuición y del misterio, gobierna los reinos del subconsciente, de la espiritualidad y de la imaginación. La energía de Neptuno es ideal para hechizos de inspiración, de sanación espiritual y de conexión con lo divino. Los rituales de Neptuno se realizan mejor en momentos de meditación profunda o en trabajos de sueño y de visión. El color azul marino y las piedras como la amatista y la aguamarina son afines a Neptuno, ayudando al wiccano a sumergirse en los reinos de la intuición y a explorar el misterio de su propia alma.

Plutón, el planeta de la transformación profunda y del renacimiento, representa el poder de la muerte y del renacimiento en el ciclo de la vida. Su energía se utiliza en trabajos de sanación profunda, de liberación de patrones negativos y de exploración de la sombra. Los hechizos de Plutón son potentes para la introspección y para el trabajo con las energías de renovación y de cambio. Los colores oscuros, como el negro y el violeta profundo, y las piedras como la obsidiana y el granate son afines a Plutón. Al trabajar con la energía de este planeta, el wiccano enfrenta su propio poder de transformación y se sumerge en el ciclo de muerte y renacimiento que es parte esencial de la vida.

La magia planetaria enseña al wiccano a vivir en armonía con los ciclos cósmicos y a reconocer que el universo es una red de energías interconectadas que influyen en la vida de cada ser. Cada planeta representa una faceta de la existencia, y al trabajar con sus energías, el practicante descubre cómo equilibrar y potenciar sus propios aspectos internos. La magia planetaria es, en última instancia, una forma de comunión con el cosmos, un recordatorio de que la vida es un reflejo de los ciclos celestes y de que, al sintonizarse con ellos, el wiccano puede manifestar su propósito en el mundo.

Capítulo 39
Portal Dimensional

La magia de los portales dimensionales en la Wicca es un arte que permite al practicante acceder a reinos espirituales y explorar planos de existencia más allá de la realidad física. Los portales dimensionales son considerados puertas que conectan el plano terrenal con dimensiones invisibles, espacios de conciencia y energía que contienen sabiduría, guía y misterio. A través de estos portales, el wiccano puede comunicarse con guías espirituales, con sus ancestros, con los espíritus de la naturaleza o incluso con aspectos profundos de su propio ser. La magia de los portales es un camino hacia la expansión de la percepción y una manera de entender que la realidad es mucho más vasta y rica de lo que los sentidos humanos pueden captar.

Abrir un portal dimensional en la Wicca es una práctica que exige respeto, preparación y un sentido claro de propósito. Estos portales no se abren a la ligera; requieren de un estado de concentración y de alineación entre el cuerpo, la mente y el espíritu del practicante. Antes de abrir un portal, el wiccano purifica su espacio sagrado, crea un círculo de protección y centra su intención en la experiencia que desea tener o en la guía que espera recibir. Esta preparación es fundamental, pues establece un ambiente seguro y protege al practicante de energías desequilibradas o de entidades no deseadas que puedan estar en otros planos.

Una de las herramientas más comunes para abrir portales es el espejo, que se considera un símbolo de reflexión y de conexión entre dimensiones. En la Wicca, el espejo se utiliza en rituales especiales en los que el practicante establece una comunicación con el mundo espiritual. Al cubrir el espejo con un paño negro y al descubrirlo en el momento adecuado, el wiccano convierte el espejo en un umbral hacia lo invisible. Durante el ritual, el practicante observa su reflejo o mira más allá de su imagen, permitiendo que aparezcan visiones o que se perciban energías del otro lado. Este tipo de portal es ideal para trabajos de introspección, de conexión con guías espirituales o de exploración de aspectos desconocidos de la psique.

Otro método común para abrir portales es el uso de la visualización y de la meditación profunda. En esta práctica, el wiccano cierra los ojos y visualiza una puerta o un vórtice que se abre hacia un lugar específico o hacia una dimensión de energía pura. Este portal imaginado se convierte en una puerta hacia estados alterados de conciencia, en los que el practicante puede explorar, recibir mensajes o trabajar en su crecimiento espiritual. Durante la meditación, el wiccano siente la energía del portal y cruza este umbral en su mente, permitiendo que su conciencia viaje hacia otros reinos. Este tipo de viaje no es físico, sino espiritual, y ayuda al practicante a explorar sus capacidades intuitivas y a sintonizar con energías que expanden su percepción.

Los cristales, especialmente aquellos con propiedades de canalización, son utilizados para abrir y estabilizar portales. La amatista, el cuarzo transparente y la moldavita son piedras poderosas en esta práctica, ya que ayudan a elevar la vibración del espacio y del practicante, facilitando la conexión con otras dimensiones. Al sostener un cristal en la mano o colocarlo en el altar, el wiccano establece un punto de enfoque y permite que la energía del cristal actúe como un puente entre el plano físico y el espiritual. En algunos rituales, el cristal se coloca en el centro de un círculo de velas o en una cuadrícula especial, formando un portal energético que el practicante puede utilizar para recibir mensajes o para obtener una guía superior.

El uso de la naturaleza para abrir portales es una práctica fundamental en la Wicca, ya que muchos lugares naturales poseen una energía especial que facilita la conexión con otros planos. Los bosques antiguos, las montañas, las fuentes de agua y los círculos de piedras son espacios cargados de poder, considerados por los wiccanos como lugares sagrados donde el velo entre los mundos es más delgado. En estos lugares, el practicante puede establecer una conexión profunda con la energía del lugar y abrir un portal simplemente alineándose con el entorno. La naturaleza misma actúa como un portal que conecta el mundo físico con los reinos invisibles, y al meditar o realizar un ritual en estos lugares, el wiccano se convierte en parte de esa energía, sintiendo la presencia de espíritus y de guías naturales.

Los momentos de cambio en el tiempo, como los solsticios y los equinoccios, son considerados tiempos propicios para abrir portales, ya que el flujo de energía se intensifica en estas transiciones y el velo entre los mundos se vuelve más permeable. Estos momentos especiales se celebran en la Wicca como Sabbats, y durante estas fechas, el practicante puede trabajar con portales para conectar con la esencia de la estación, recibir enseñanzas de la naturaleza y de los ancestros o manifestar intenciones para el ciclo que comienza. En los Sabbats, los rituales de apertura de portales suelen implicar la colocación de símbolos estacionales en el altar, como hojas, flores o frutas, que representan el ciclo de la vida y que actúan como catalizadores de la energía del portal.

El sonido es otra herramienta poderosa en la creación de portales dimensionales. El uso de tambores, campanas, cánticos y cuencos tibetanos genera vibraciones que afectan la frecuencia de la mente y del espacio, creando un ambiente propicio para la apertura de portales. Estas vibraciones ayudan al wiccano a entrar en un estado de conciencia expandida, en el que puede cruzar el umbral hacia otros planos de percepción. Al combinar el sonido con la visualización y con la intención, el practicante amplifica su conexión con el portal y permite que su energía fluya hacia otros niveles de realidad. El sonido no solo establece el ambiente, sino que también mantiene la energía en equilibrio, permitiendo una experiencia de conexión profunda y segura.

La protección es un aspecto fundamental cuando se trabaja con portales, ya que al abrirse a otras dimensiones, el practicante debe asegurarse de que su espacio y su ser estén protegidos de influencias externas. Para esto, el wiccano crea un círculo de protección alrededor de sí mismo o del portal, visualizando una luz blanca o dorada que rodea el espacio y que impide la entrada de energías desequilibradas. Las hierbas como el romero, la ruda y la salvia se utilizan para reforzar esta protección, y el uso de cristales como la turmalina negra o el cuarzo ahumado ayuda a mantener el equilibrio. Al finalizar el trabajo con el portal, el wiccano cierra el espacio de manera consciente, agradeciendo a las energías y asegurándose de que el portal esté completamente sellado.

La magia de los portales dimensionales en la Wicca es, en última instancia, un viaje de autodescubrimiento y de expansión espiritual. A través de estos portales, el wiccano no solo accede a otras realidades, sino que también explora aspectos de su propia conciencia y aprende que la vida es un entramado de dimensiones interconectadas. Los portales enseñan al practicante que el universo es vasto y multidimensional, y que la verdadera conexión con el todo se logra al abrir el corazón y la mente a las infinitas posibilidades de la existencia.

Cada experiencia con los portales es única y revela una parte del misterio del universo, recordando al wiccano que la vida es mucho más que lo que se puede ver o tocar. La práctica de los portales dimensionales en la Wicca es un acto de respeto hacia el misterio, una forma de explorar y de comprender la magia que existe en cada rincón de la creación y un recordatorio de que la esencia del ser humano es tan infinita como el cosmos.

Capítulo 40
Transmutación Energética

La transmutación energética en la Wicca es el arte de transformar y de redirigir energías para un propósito específico. En su esencia, esta práctica permite al wiccano purificar, canalizar y modificar las vibraciones tanto internas como externas para alcanzar un estado de equilibrio y para facilitar el crecimiento espiritual. La transmutación energética se basa en la idea de que toda energía es mutable y puede ser dirigida hacia un objetivo positivo y constructivo. Para los wiccanos, este proceso de transformación es un reflejo de la capacidad humana para cambiar, evolucionar y renacer, así como una forma de vivir en armonía con el flujo natural de la vida.

El proceso de transmutación energética comienza con la capacidad de percibir y de identificar las energías presentes en el entorno o en uno mismo. El wiccano se convierte en un observador consciente, aprendiendo a reconocer las vibraciones que fluyen en su cuerpo, en su mente y en el espacio que lo rodea. Para desarrollar esta percepción, el practicante puede utilizar técnicas de meditación y de respiración que le permitan conectarse con su cuerpo energético y detectar cualquier desequilibrio. Al ser consciente de estas energías, el wiccano puede discernir entre las vibraciones que desean ser liberadas y aquellas que necesita amplificar, lo cual es el primer paso para iniciar el proceso de transmutación.

La limpieza energética es una práctica fundamental en la transmutación de energías no deseadas. Para los wiccanos, el uso de elementos naturales como el agua, el fuego y el aire es esencial en este proceso. El agua, por ejemplo, se considera un elemento de purificación y se utiliza en rituales de limpieza, ya sea en forma de baños rituales o de aspersiones en el espacio sagrado. Al sumergirse en el agua, el practicante visualiza cómo cualquier energía negativa o densa es disuelta y llevada hacia fuera, dejando solo la energía limpia y equilibrada en su lugar. El fuego, por su parte, es un elemento de transmutación rápida y profunda. Al quemar hierbas o al encender una vela, el wiccano simboliza la transformación de las energías pesadas en luz y en renovación, permitiendo que el fuego disuelva las impurezas.

El uso de hierbas es otra herramienta poderosa en la transmutación energética. Hierbas como la salvia, el romero y la ruda son conocidas por sus propiedades purificadoras y se utilizan en forma de sahumerios o de infusiones para limpiar y para elevar la vibración de los espacios o del propio cuerpo energético. Al quemar estas hierbas, el practicante permite que el humo actúe como un canal de limpieza, visualizando cómo las energías densas son absorbidas y liberadas. Este humo, que se mueve libremente en el espacio, no solo purifica, sino que también abre camino para que las energías nuevas y revitalizadas entren y fluyan con libertad.

Los cristales, especialmente aquellos que resuenan con las energías de purificación y de protección, también son aliados esenciales en la transmutación energética. El cuarzo blanco, el cuarzo ahumado y la amatista son piedras que facilitan la limpieza y la transformación de las vibraciones, actuando como filtros y amplificadores de energía positiva. Al sostener un cristal o al colocarlo en el espacio sagrado, el wiccano permite que su energía trabaje de manera continua, absorbiendo cualquier negatividad y transmutándola en energía armoniosa. Los cristales pueden colocarse en diferentes partes del cuerpo o en los centros energéticos para equilibrar y para fortalecer el flujo de energía interna.

El trabajo con los chakras, los centros energéticos del cuerpo, es un aspecto clave en la transmutación de energías internas. Cada chakra vibra en una frecuencia específica y gobierna aspectos particulares de la vida emocional, mental y espiritual. Al practicar la transmutación energética, el wiccano se concentra en estos centros, detectando aquellos que puedan estar desequilibrados o bloqueados y aplicando técnicas de visualización y de respiración para limpiarlos y armonizarlos. El chakra del plexo solar, por ejemplo, es un centro de poder personal y de voluntad; si está bloqueado, el practicante puede visualizar un rayo de luz dorada que lo limpia y que lo activa, transmutando cualquier temor o inseguridad en confianza y en fuerza interior.

La respiración consciente es una herramienta poderosa para la transmutación energética, ya que ayuda a canalizar y a redirigir la energía de manera natural. Al respirar profundamente y con intención, el practicante puede atraer energía nueva y revitalizante y exhalar cualquier vibración que necesite liberar. En la Wicca, la respiración se utiliza para centrar la mente y para crear un flujo constante de energía purificada. Al inhalar, el wiccano visualiza cómo la energía pura y luminosa entra en su ser, llenando cada rincón de su cuerpo; al exhalar, libera cualquier densidad o negatividad, permitiendo que la transmutación ocurra en cada ciclo de respiración. Este proceso sencillo, pero profundo, es una manera de conectarse con el presente y de permitir que la energía se renueve continuamente.

La visualización es una técnica de transmutación que permite al wiccano trabajar con imágenes y símbolos poderosos para transformar las vibraciones no deseadas. Al visualizar una luz brillante que rodea su cuerpo o un fuego interior que quema toda energía densa, el practicante crea un cambio real en su campo energético, manifestando la purificación en un nivel profundo. La visualización de un color específico puede ayudar a equilibrar ciertas energías: el azul, por ejemplo, se asocia con la paz y se visualiza para calmar emociones, mientras que el dorado representa la claridad y la protección y es útil en momentos de transición o de duda. Esta técnica es una expresión del poder creativo del wiccano y de su habilidad para moldear la energía a través de su propia voluntad.

El círculo sagrado es un espacio de transmutación en sí mismo, ya que su energía protege, purifica y eleva las vibraciones del practicante. Al trazar un círculo, el wiccano crea un espacio en el que la energía puede transformarse sin interferencias externas. Dentro de este círculo, el practicante se siente seguro y libre para trabajar con sus propias energías, permitiendo que la transmutación ocurra en un ambiente protegido. Al finalizar el trabajo en el círculo, el wiccano agradece a las fuerzas protectoras y cierra el espacio, permitiendo que la energía purificada permanezca y que cualquier densidad se disipe.

La transmutación energética es un recordatorio de que el wiccano es un alquimista espiritual, capaz de transformar su realidad y su ser a través del poder de su intención y de su conexión con las fuerzas de la naturaleza. Este proceso de cambio no solo afecta al practicante, sino que también eleva y equilibra la energía de su entorno, beneficiando a todos los seres con los que interactúa. La práctica de la transmutación energética es una forma de vivir en armonía, de responder al mundo con paz y de transmutar cualquier desafío en una oportunidad de crecimiento.

En última instancia, la transmutación energética enseña que el poder de transformar y de sanar reside en cada ser humano y que, al aplicar este conocimiento en la vida diaria, el wiccano descubre su capacidad para vivir en equilibrio y para irradiar paz. La transmutación es un acto de amor hacia uno mismo y hacia el mundo, una manifestación de la conexión sagrada entre el practicante y el universo. En cada acto de transmutación, el wiccano recuerda que la vida es un ciclo de renovación constante y que, al trabajar en su propia energía, está contribuyendo a la armonía de la creación.

Capítulo 41
Aspectos Sombríos

La exploración de los aspectos sombríos en la Wicca es una práctica profunda que invita al wiccano a confrontar y a integrar las partes menos visibles o aceptadas de su ser. Conocida como "la magia de la sombra," esta práctica se enfoca en el trabajo con energías nocturnas, en la comprensión de los miedos y en la integración de los aspectos oscuros de la psique. La Wicca enseña que tanto la luz como la oscuridad son partes esenciales del universo y del ser humano, y que solo a través de la aceptación y del equilibrio de ambos aspectos se puede alcanzar una auténtica plenitud espiritual. Este viaje hacia la sombra es un camino de autoconocimiento, de sanación y de expansión de la conciencia, que permite al practicante descubrir su verdadero poder y su autenticidad.

Trabajar con la sombra comienza con el acto de reconocer las emociones, pensamientos y patrones de comportamiento que el practicante suele reprimir o evitar. Estas energías sombrías no son necesariamente negativas, sino aspectos del ser que han sido relegados al inconsciente. Para el wiccano, estas partes reprimidas son como "guías ocultas" que esperan ser escuchadas, y al integrarlas, el practicante descubre nuevas fortalezas y profundiza en su conocimiento propio. Los temores, la ira y las inseguridades forman parte de esta energía sombría, y al enfrentarlas, el wiccano toma control sobre ellas, en lugar de permitir que lo controlen en silencio desde el inconsciente.

El ritual de la introspección es un paso fundamental en el trabajo con los aspectos sombríos. En la Wicca, este tipo de ritual se realiza en un espacio oscuro y en calma, utilizando velas negras o violetas, colores que representan la conexión con las profundidades de la psique. Durante el ritual, el practicante se sienta en un estado de silencio y de meditación profunda, explorando los pensamientos y las emociones que surgen sin juzgarlos. Al permitirse experimentar estas emociones, el wiccano comienza a ver la sombra con aceptación, despojándola de los miedos que le dan poder. Este acto de introspección se convierte en un espacio seguro para reconocer y para honrar las emociones reprimidas, permitiendo que las sombras sean vistas y escuchadas.

El uso de espejos es una herramienta poderosa en el trabajo con la sombra. En la Wicca, el espejo simboliza el reflejo del verdadero ser, permitiendo que el practicante vea más allá de la apariencia y entre en contacto con los aspectos profundos de su psique. Al mirarse fijamente en un espejo bajo una luz tenue, el wiccano observa los pensamientos y las emociones que surgen. Este ritual es una invitación a enfrentar lo que ha permanecido oculto, permitiendo que la sombra se revele y se exprese. Al observar su propio reflejo, el practicante contempla la totalidad de su ser y experimenta la integración de sus luces y sombras como una unidad sagrada y completa.

La invocación de los arquetipos oscuros es otra práctica en la magia de la sombra. En la Wicca, los arquetipos como la Anciana, el Guerrero y el Mago Oscuro representan los aspectos sombríos de la personalidad, aquellos que están conectados con la sabiduría de la experiencia, con el poder y con la transformación. Al invocar estos arquetipos, el wiccano explora los patrones de poder, de destrucción y de renacimiento que existen en su ser. Por ejemplo, la Anciana simboliza la sabiduría adquirida a través de la experiencia y del dolor, mientras que el Guerrero representa la capacidad de enfrentar y de superar obstáculos internos. Al conectar con estos arquetipos, el practicante aprende a trabajar con sus propias fuerzas y a aceptar los desafíos de la vida como oportunidades de crecimiento.

El trabajo con los sueños es esencial en la exploración de los aspectos sombríos, ya que los sueños son la puerta de entrada al inconsciente y revelan símbolos y mensajes que ayudan al practicante a comprender su propia sombra. En la Wicca, los sueños se consideran manifestaciones de la psique, y al registrarlos y al analizarlos, el wiccano descubre las partes de sí mismo que necesitan ser integradas y comprendidas. Los sueños de persecución, de conflicto o de caída suelen reflejar miedos profundos o aspectos reprimidos que buscan ser reconocidos. Al explorar estos sueños, el practicante enfrenta sus propias sombras y se libera de sus influencias, descubriendo en cada sueño una lección o una guía hacia su sanación interior.

Los cristales y las piedras oscuras, como la obsidiana, el ónix y la turmalina negra, son aliados poderosos en el trabajo con la sombra. Estas piedras actúan como espejos del alma y ayudan al wiccano a explorar sus profundidades con seguridad y protección. La obsidiana, en particular, es conocida como la "piedra de la verdad" y se utiliza para desenterrar emociones reprimidas y patrones ocultos. Al sostener una obsidiana durante la meditación, el practicante siente la fuerza de su propia sombra y experimenta la claridad que esta puede ofrecer cuando es enfrentada sin miedo. Estas piedras no solo protegen, sino que también inspiran valentía y fortaleza, recordando al wiccano que la sombra es una fuente de poder y de conocimiento.

El trabajo con las estaciones, especialmente el otoño y el invierno, es un momento ideal para explorar los aspectos sombríos en la Wicca. El otoño, con su energía de transición y de liberación, invita al practicante a soltar lo que ya no le sirve y a enfrentar los miedos asociados con el cambio. El invierno, con su oscuridad y su quietud, es una época de introspección profunda en la que el wiccano entra en contacto con las partes más ocultas de su ser. Durante estas estaciones, los rituales de meditación y de reflexión personal son especialmente poderosos, ya que se alinean con la energía de la naturaleza y con su ciclo de descanso y de renovación.

El trabajo con la sombra no es solo un proceso de confrontación, sino también de integración. En la Wicca, la sombra se considera una parte sagrada del ser, y al integrarla, el practicante se convierte en una persona completa y equilibrada.

La integración de la sombra permite que el wiccano acepte y comprenda sus propios límites, miedos y deseos, sin juzgarlos ni suprimirlos. Este proceso es un camino de autoaceptación y de amor propio, que recuerda al practicante que la totalidad del ser incluye tanto la luz como la oscuridad, y que ambas son necesarias para el crecimiento y la evolución espiritual.

La magia de la sombra enseña al wiccano que la verdadera fortaleza reside en la capacidad de enfrentar y de aceptar todas las partes de sí mismo. Al trabajar con la sombra, el practicante descubre que sus miedos son maestros y que sus limitaciones pueden transformarse en fuentes de poder. Esta práctica es un recordatorio de que el viaje espiritual es un proceso de autoexploración y de sanación profunda, y que solo al abrazar su sombra, el wiccano puede conocer y manifestar su verdadero ser.

El trabajo con los aspectos sombríos en la Wicca es una expresión de valentía y de autenticidad, un acto de amor hacia uno mismo y hacia el universo. Este proceso permite al practicante descubrir que la sombra no es un enemigo, sino una guía que lo lleva a la comprensión de su propósito y de su poder. En cada encuentro con la sombra, el wiccano aprende que la verdadera luz surge de la aceptación de todas sus partes, y que, al integrar la sombra, se convierte en un ser completo, en equilibrio con el todo.

Capítulo 42
Muerte y Renacimiento

La muerte y el renacimiento en la Wicca representan el ciclo eterno de transformación que define tanto a la naturaleza como al ser humano. Este proceso de cambio y de renovación es considerado sagrado y refleja la continuidad de la vida en sus múltiples formas. La Wicca, con su enfoque en los ciclos naturales y en la conexión entre todas las cosas, enseña que la muerte no es un final absoluto, sino una transición, una puerta hacia una nueva forma de existencia. Comprender y honrar este ciclo de muerte y renacimiento permite al wiccano aceptar la naturaleza cíclica de la vida, trascender el miedo a la muerte y descubrir que en cada pérdida existe una oportunidad para el crecimiento y la renovación.

La muerte, en el contexto de la Wicca, no solo se refiere a la muerte física, sino también a las pequeñas "muertes" o transformaciones que ocurren a lo largo de la vida. Cada cambio significativo, cada pérdida o despedida es visto como un proceso de muerte y renacimiento. Los wiccanos entienden que en la naturaleza, la vida se renueva constantemente: la caída de las hojas en otoño es seguida por el renacimiento de la primavera, y así, cada ciclo estacional enseña que después de cada final, surge una nueva oportunidad. Este conocimiento ayuda al practicante a ver la muerte como parte natural de la vida y a aceptar los momentos de cambio y de transición en su camino personal y espiritual.

La celebración de Samhain, uno de los Sabbats más importantes en la Wicca, es una ceremonia dedicada a honrar el ciclo de muerte y renacimiento. Durante Samhain, los wiccanos celebran el final de la cosecha y rinden homenaje a sus ancestros y a los seres queridos que han fallecido. Esta festividad, que se realiza a fines de octubre, marca el momento en el que el velo entre los mundos es más delgado, permitiendo la comunicación con los espíritus y recordando que aquellos que han partido siguen presentes en un nivel espiritual. Samhain enseña al wiccano que la muerte es solo una transición y que, al honrar a los antepasados, fortalece su conexión con el pasado y con la sabiduría de quienes le precedieron.

El ritual de la transformación es una práctica fundamental en la Wicca para trabajar con el concepto de muerte y renacimiento en la vida diaria. En este ritual, el wiccano simboliza el proceso de dejar atrás lo que ya no le sirve, ya sean pensamientos, emociones, patrones de comportamiento o relaciones que han cumplido su propósito. Este acto de liberación es un tipo de "muerte" simbólica, en la que el practicante reconoce aquello que necesita cambiar y lo suelta conscientemente. Al encender una vela o quemar un trozo de papel en el que ha escrito lo que desea liberar, el wiccano visualiza cómo suelta estas energías y se prepara para el renacimiento, permitiendo que lo nuevo entre en su vida con claridad y con propósito.

El trabajo con la naturaleza y con los ciclos estacionales refuerza la comprensión de la muerte y el renacimiento. En la Wicca, el cambio de las estaciones es una manifestación de este ciclo, y cada estación enseña una lección sobre la vida, la muerte y la renovación. La primavera simboliza el renacimiento y el crecimiento; el verano, la plenitud y la celebración de la vida; el otoño, la cosecha y el comienzo de la despedida, y el invierno, la introspección y el descanso. Al vivir en armonía con estos ciclos, el wiccano aprende a aceptar cada fase de su propia vida y a ver el renacimiento como una parte natural de su camino espiritual.

La meditación sobre la muerte y el renacimiento es otra práctica común en la Wicca. Durante esta meditación, el practicante se sienta en un espacio tranquilo y visualiza un proceso de transformación, imaginando que se convierte en una semilla que muere en la tierra para renacer como una planta fuerte y saludable. Este proceso de visualización ayuda al wiccano a experimentar el ciclo de muerte y renacimiento desde una perspectiva simbólica, sintiendo en su interior la paz que surge de la aceptación y de la transformación. Esta meditación no solo prepara al practicante para enfrentar sus propios cambios, sino que también le permite comprender la impermanencia de la vida y encontrar serenidad en ella.

El uso de cristales y piedras como la obsidiana, el granate y la piedra de luna es común en los rituales de muerte y renacimiento, ya que estas piedras ayudan a liberar energías antiguas y a estimular el crecimiento espiritual. La obsidiana, por ejemplo, es conocida como una piedra de transformación y permite al practicante liberar bloqueos emocionales y patrones de pensamiento que necesitan ser renovados. El granate simboliza la vitalidad y el coraje para enfrentar el cambio, mientras que la piedra de luna se asocia con los ciclos y con la renovación. Al trabajar con estas piedras, el wiccano permite que su energía lo guíe a través del proceso de muerte y renacimiento, sintiendo el apoyo de la naturaleza en su transformación.

La conexión con los ancestros es una parte fundamental del trabajo con la muerte y el renacimiento en la Wicca. Los wiccanos creen que los ancestros no solo están presentes en el mundo espiritual, sino que también ofrecen guía y protección en momentos de transición. Al invocar a los ancestros en rituales o al honrarlos en altares, el practicante siente su presencia y su sabiduría, recordando que la vida es un hilo continuo que conecta el pasado, el presente y el futuro. Esta conexión refuerza la idea de que la muerte es una transición y de que el alma perdura, viajando a través de diferentes formas y experiencias.

La práctica de la reflexión personal y del cierre de ciclos también es esencial en el trabajo con el renacimiento. En la Wicca, se considera que cada experiencia de vida es una oportunidad para aprender y para evolucionar. Al reflexionar sobre las etapas de su vida y al cerrar ciclos conscientemente, el wiccano se prepara para los nuevos comienzos que lo esperan.

Este acto de cierre y de renovación permite al practicante liberarse de cargas emocionales y abrirse a nuevas experiencias con una perspectiva fresca y con un corazón ligero. Esta práctica de renacimiento constante le recuerda que cada día es una oportunidad para renacer y para avanzar en su camino espiritual.

El símbolo de la mariposa es una representación poderosa del ciclo de muerte y renacimiento en la Wicca. La mariposa, que experimenta la metamorfosis desde la oruga hasta su forma alada, simboliza el proceso de transformación espiritual. Este símbolo enseña al practicante que, aunque el cambio puede ser desafiante y desconocido, siempre trae consigo la posibilidad de volar más alto y de experimentar una libertad renovada. Al meditar sobre la mariposa o al observarla en la naturaleza, el wiccano se inspira en su capacidad de transformación y recuerda que el renacimiento es una parte esencial de su propio camino.

En última instancia, la muerte y el renacimiento en la Wicca enseñan que la vida es un ciclo continuo de cambio y de evolución. Este proceso de transformación es una expresión del poder creativo del universo y una oportunidad para que el practicante descubra su verdadero propósito y su potencial espiritual. La aceptación de la muerte como parte natural de la vida permite al wiccano vivir en paz y en armonía, entendiendo que en cada despedida existe una semilla de esperanza y de renacimiento.

Al honrar el ciclo de muerte y renacimiento, el wiccano se conecta con la esencia de la vida y con el misterio de la creación. Esta comprensión le da fuerza para aceptar los cambios y los desafíos, recordándole que cada etapa de su viaje es sagrada y que, al final de cada ciclo, siempre encontrará una nueva oportunidad para crecer y para florecer. En cada acto de renacimiento, el wiccano descubre el poder de la vida en su forma más pura y se convierte en un testigo y en un participante activo en el eterno flujo del universo.

Capítulo 43
Karma y Destino

En la Wicca, el karma y el destino son conceptos esenciales que ayudan al practicante a comprender la interconexión de sus acciones con el flujo de la vida y con el universo. Estos principios enseñan que cada pensamiento, palabra y acto tiene una energía que regresa al individuo, creando un ciclo continuo de causa y efecto. El karma, en su sentido más profundo, representa la ley de la responsabilidad personal y el entendimiento de que todo lo que el wiccano hace en el mundo afecta a su vida y a la vida de los demás. El destino, por otro lado, se percibe no como una fuerza inmutable, sino como una red de posibilidades y caminos que el practicante puede recorrer en función de sus decisiones y acciones. La Wicca fomenta la idea de que, si bien ciertas lecciones y experiencias están destinadas a ocurrir, el libre albedrío y la sabiduría interior son herramientas poderosas para dirigir y moldear el propio camino.

El karma en la Wicca no se considera un castigo ni una recompensa, sino una forma de aprendizaje y de equilibrio universal. Este concepto, conocido como la "Ley Triple" en la tradición wiccana, establece que cualquier energía que el wiccano envíe al universo, ya sea positiva o negativa, regresará a él multiplicada. La Ley Triple enseña al practicante a ser consciente de sus acciones, de sus pensamientos y de sus intenciones, recordándole que el universo responde a sus energías de manera proporcional. Para los wiccanos, vivir de acuerdo con esta ley es una manera de actuar con ética y de vivir en armonía con el todo, sabiendo que cada acto tiene repercusiones que afectan no solo al individuo, sino a la red de la existencia en su conjunto.

El trabajo con el karma requiere un proceso de autoobservación y de reflexión personal. En la Wicca, se considera que el karma se manifiesta no solo en la vida actual, sino también en el ciclo de vidas pasadas y futuras. Los wiccanos creen en la reencarnación y en la posibilidad de que las lecciones no aprendidas en una vida se repitan en otra, hasta que el alma logre alcanzar un nivel de comprensión y de equilibrio. Este ciclo de aprendizaje permite al practicante expandir su conciencia y evolucionar espiritualmente, comprendiendo que cada vida es una oportunidad para purificar el karma acumulado y para sembrar energías positivas que repercutirán en su existencia futura.

Para comprender y trabajar con su propio karma, el wiccano puede realizar rituales de limpieza y de liberación de energías negativas. Estos rituales ayudan a purificar el cuerpo energético y a romper patrones kármicos que puedan estar afectando su vida actual. Un ritual común consiste en escribir en un papel aquellos patrones o acciones que el practicante desea liberar y luego quemarlo como símbolo de transformación. Al realizar este acto, el wiccano visualiza cómo estas energías se disuelven y cómo su karma se purifica, permitiéndole avanzar con claridad y con una vibración renovada. Estos rituales de liberación recuerdan al practicante que siempre tiene el poder de transformar y de sanar su karma, eligiendo conscientemente su forma de vivir y de interactuar con el mundo.

El destino, en la Wicca, no se considera un camino rígido ni predeterminado. Los wiccanos creen que el destino es una red de posibilidades y que, si bien ciertos eventos están destinados a ocurrir para el aprendizaje y la evolución del alma, el practicante tiene el poder de tomar decisiones que afectan su rumbo. Esta creencia en el destino flexible permite al wiccano vivir con un sentido de responsabilidad y de libertad, sabiendo que su futuro depende en gran medida de sus elecciones y de sus acciones presentes. La Wicca enseña que el destino y el libre albedrío son aspectos complementarios, y que el practicante puede trabajar con ambas fuerzas para crear una vida que refleje sus valores y sus aspiraciones más elevadas.

El trabajo con el destino en la Wicca implica conectar con la intuición y con la guía espiritual para descubrir el propósito del alma. Muchos wiccanos creen que cada persona viene al mundo con un propósito o misión particular y que el destino es una serie de oportunidades para cumplirlo. Para descubrir este propósito, el practicante recurre a la meditación, a la introspección y a la adivinación, buscando pistas y señales que le revelen su camino. El tarot, las runas y la astrología son herramientas que permiten al wiccano explorar su destino y obtener una mayor comprensión de las lecciones y de las oportunidades que le esperan. Estos métodos de adivinación no predicen un destino fijo, sino que muestran posibilidades, recordando al practicante que, al final, la elección siempre está en sus manos.

La conexión con los guías espirituales y con los ancestros también es una forma de trabajar con el destino y de recibir orientación en momentos de duda. En la Wicca, se cree que los guías y los ancestros pueden ofrecer apoyo y consejos sobre el camino de vida del practicante, ayudándole a tomar decisiones que estén en sintonía con su propósito. Los rituales para invocar a los guías o a los ancestros son comunes, y durante ellos el wiccano establece un vínculo de comunicación que le permite recibir mensajes y sentir su presencia protectora. Esta conexión fortalece la creencia de que el destino es una colaboración entre el alma, las fuerzas espirituales y el universo, y que al escuchar y al seguir la guía interior, el practicante puede alinearse con su propósito y vivir en armonía.

La visualización de caminos es una técnica en la Wicca para trabajar con el destino y para explorar las diferentes posibilidades que existen en el futuro. Durante una meditación, el wiccano visualiza varios senderos que representan distintas decisiones o posibles futuros y, a medida que recorre mentalmente cada uno de ellos, siente la energía y las emociones que estos evocan. Esta visualización permite al practicante experimentar cómo cada decisión puede afectar su vida y qué caminos resuenan más con su propósito y con sus valores. La técnica de la visualización de caminos enseña que, aunque el destino ofrezca múltiples posibilidades, el wiccano tiene la capacidad de elegir conscientemente el sendero que desea seguir.

La idea del karma y del destino en la Wicca es un recordatorio constante de la interconexión entre todos los seres y de la responsabilidad que cada persona tiene en la creación de su vida y en el impacto que genera en el mundo. Estos conceptos enseñan al wiccano a vivir con intención, a actuar con integridad y a aceptar que cada experiencia, incluso los desafíos, son oportunidades para aprender y para crecer espiritualmente. La práctica de la Wicca fomenta la idea de que, al trabajar conscientemente con su karma y con su destino, el practicante puede trascender las limitaciones y alcanzar una vida de paz, de equilibrio y de realización.

En última instancia, el karma y el destino en la Wicca son principios que invitan al practicante a descubrir su verdadera esencia y a vivir en coherencia con ella. Al tomar decisiones conscientes y al actuar desde el corazón, el wiccano encuentra su lugar en el gran ciclo de la vida y descubre que su existencia es una parte sagrada de la totalidad. La comprensión de estos conceptos permite al practicante liberar cualquier miedo al futuro, sabiendo que, al sembrar buenas energías y al escuchar la guía de su espíritu, está creando un destino en sintonía con el amor y con la armonía universal.

Capítulo 44
Reinos Invisibles

Los reinos invisibles en la Wicca representan planos de existencia que coexisten con el mundo físico, dimensiones sutiles habitadas por energías, espíritus y seres que trascienden la percepción ordinaria. Estos reinos son un misterio y una fuente de sabiduría para los wiccanos, quienes creen que el universo es mucho más vasto de lo que los sentidos físicos pueden captar. A través de la conexión con estos planos invisibles, el practicante no solo se acerca a la esencia divina, sino que también descubre que existen múltiples niveles de conciencia que interactúan constantemente con su vida y su práctica espiritual.

La existencia de los reinos invisibles se expresa en la Wicca como una realidad multidimensional. Estos reinos incluyen el mundo espiritual, el plano de los ancestros, el reino de los elementales y otros planos que contienen energías y seres específicos. Los wiccanos creen que, aunque no todos los seres de estos planos son visibles, su influencia es constante, y la capacidad de percibirlos o de interactuar con ellos depende del nivel de apertura y de conciencia del practicante. Con el tiempo y con la práctica, el wiccano puede desarrollar la sensibilidad necesaria para percibir la energía de estos reinos y para establecer una relación respetuosa con los seres que los habitan.

El plano de los espíritus de la naturaleza es uno de los reinos invisibles más conocidos en la Wicca. Este plano está habitado por los elementales, entidades vinculadas a los cuatro elementos: tierra, agua, aire y fuego. Cada elemental representa la esencia de su elemento y actúa como su guardián y su expresión. Por ejemplo, los gnomos o duendes están asociados con la tierra, las ondinas con el agua, las sílfides con el aire y las salamandras con el fuego. Los wiccanos consideran a los elementales como aliados en su práctica, y al trabajar con ellos, se sintonizan con las energías de la naturaleza y reciben apoyo para sus rituales y para su vida espiritual. Establecer una conexión con los elementales requiere respeto y comprensión, ya que estos seres son conscientes y responden a la autenticidad de las intenciones del practicante.

El reino de los ancestros es otro plano importante en la Wicca, ya que representa el vínculo con aquellos que han recorrido el camino antes que nosotros. Los wiccanos creen que los ancestros están presentes en el mundo espiritual y que pueden ofrecer guía y protección en momentos de necesidad. Este plano invisible es considerado un espacio sagrado donde habitan las almas de los antepasados, y los rituales de conexión con los ancestros permiten al practicante recibir su sabiduría y sus bendiciones. Durante festividades como Samhain, el velo entre los mundos se percibe como más delgado, y el wiccano honra a sus ancestros en un altar especial, dejando ofrendas y pidiendo su guía. Esta relación con los ancestros refuerza la idea de que la vida es un ciclo continuo y de que el conocimiento y el amor de quienes han partido están siempre presentes.

El plano de los guías espirituales es otro reino invisible con el que los wiccanos pueden establecer contacto. Los guías espirituales son seres de luz que asisten al practicante en su desarrollo personal y espiritual. Estos guías pueden ser seres que han alcanzado un alto nivel de conciencia o entidades que el wiccano siente como protectoras. A través de la meditación y de los rituales de invocación, el practicante puede conectarse con sus guías y recibir su consejo en momentos de duda o de desafío. La conexión con los guías espirituales es una relación de respeto y de confianza, y el wiccano aprende a reconocer sus señales y a escuchar sus mensajes, comprendiendo que su presencia es una manifestación del amor universal.

El reino de los sueños es otro plano invisible que los wiccanos exploran para obtener mensajes y revelaciones. En este reino, la mente consciente se relaja y permite que el inconsciente se exprese, revelando símbolos y situaciones que tienen un profundo significado. Los sueños en la Wicca son vistos como puertas hacia la sabiduría y hacia la conexión con los reinos espirituales. Al mantener un diario de sueños y al reflexionar sobre sus significados, el wiccano aprende a interpretar los símbolos que surgen en el mundo onírico y a comprender los mensajes que el universo le envía a través de ellos. Los sueños lúcidos, en los que el practicante es consciente de que está soñando, son especialmente poderosos, ya que le permiten explorar conscientemente estos reinos invisibles y recibir guía directa.

El reino de la mente es también un espacio que se considera parte de los reinos invisibles en la Wicca, ya que la mente es un canal que conecta el mundo físico con los planos espirituales. El poder del pensamiento y de la intención es una herramienta poderosa en la Wicca, y al entrenar la mente, el practicante puede acceder a conocimientos y percepciones que están más allá del nivel consciente. Las visualizaciones, la meditación y el uso de afirmaciones permiten al wiccano influir en su propio campo energético y abrir puertas hacia dimensiones más profundas de su ser. La mente es el puente entre lo visible y lo invisible, y al aprender a controlarla y a enfocarla, el practicante descubre su capacidad para explorar y para influir en los reinos espirituales.

El plano astral es otro reino que los wiccanos exploran a través de la proyección astral o del viaje fuera del cuerpo. Este reino, que se considera una dimensión intermedia entre el mundo físico y los niveles superiores, permite al practicante experimentar una realidad que no está limitada por el tiempo ni por el espacio. La proyección astral se logra mediante una combinación de relajación, de concentración y de técnicas de visualización, y permite que el wiccano viaje a lugares o a dimensiones diferentes de las habituales. Este viaje no es físico, sino espiritual, y a través de él, el practicante puede obtener experiencias reveladoras, conocer guías o recibir enseñanzas que no están disponibles en el plano terrenal. La proyección astral es una práctica avanzada que requiere respeto y preparación, y los wiccanos la abordan con cuidado, estableciendo protecciones y asegurándose de regresar al cuerpo de manera segura.

La importancia de la protección es fundamental cuando se exploran los reinos invisibles, ya que, aunque estos planos contienen sabiduría y guía, también pueden presentar energías desequilibradas o entidades que no están alineadas con la intención del practicante. Para protegerse, el wiccano crea un círculo de luz o utiliza cristales como la amatista, el cuarzo blanco y la turmalina negra, que ayudan a mantener la energía equilibrada y a evitar interferencias. La visualización de un escudo de luz blanca es otra herramienta eficaz, así como la invocación de guías protectores que asistan durante la experiencia. Al establecer estos límites, el practicante asegura que su exploración sea segura y positiva.

La exploración de los reinos invisibles en la Wicca no solo permite al practicante descubrir aspectos de su propio ser y del universo, sino que también refuerza su sentido de conexión y de responsabilidad hacia todas las formas de vida. Estos reinos son recordatorios de que el universo es un tejido de energía interconectada, y que cada ser y cada plano tiene un propósito en el gran ciclo de la existencia. La Wicca enseña que, al conectar con estos planos, el practicante puede ampliar su conciencia, sanar sus heridas emocionales y recibir la sabiduría que necesita para vivir en equilibrio y en paz.

Los reinos invisibles, en última instancia, enseñan que la verdadera realidad no está limitada a lo que los ojos pueden ver o a lo que el cuerpo puede tocar. Estos planos ofrecen una puerta hacia el misterio y hacia la magia de la creación, recordando al wiccano que la vida es un viaje de descubrimiento continuo y que, al explorar y al honrar lo invisible, se convierte en un participante activo en el flujo del universo. En cada conexión con los reinos invisibles, el wiccano encuentra una nueva dimensión de su propia esencia, descubriendo que la vida es un reflejo de la vastedad y de la belleza de la creación misma.

Capítulo 45
Iniciación Mística

La iniciación mística en la Wicca es un rito de paso que simboliza el comienzo de un viaje espiritual profundo, una entrada consciente en el sendero de la magia y la sabiduría antigua. La iniciación marca un compromiso del practicante consigo mismo y con el universo, un pacto de respeto y de responsabilidad con la naturaleza y con las fuerzas espirituales que le guiarán en su desarrollo. Este rito no se toma a la ligera; en la Wicca, la iniciación representa una transformación del alma y una aceptación de los misterios de la vida y de la muerte, de la luz y de la sombra. A través de esta experiencia, el wiccano se embarca en una travesía de autodescubrimiento y de conexión con lo sagrado.

La iniciación en la Wicca puede realizarse de manera formal en un coven, o en soledad, como un compromiso individual del practicante. En el contexto de un coven, la iniciación mística incluye una serie de rituales y ceremonias guiadas por los miembros más experimentados, quienes ofrecen orientación y protección al iniciado. Sin embargo, para aquellos que practican en solitario, la iniciación es igualmente significativa y se convierte en un proceso personal, en el que el practicante establece su propio ritual y realiza un acto simbólico que marca su entrada en el camino wiccano. La Wicca enseña que la autenticidad y la intención son los elementos clave en la iniciación, ya que es la conexión sincera con el propio espíritu lo que verdaderamente abre las puertas a los misterios.

La preparación para la iniciación es un proceso que puede llevar meses o incluso años, dependiendo del nivel de conocimiento y de madurez espiritual del practicante. Esta fase implica el estudio de los principios de la Wicca, el trabajo con los elementos, la conexión con las fases lunares y el establecimiento de un vínculo consciente con la naturaleza. Durante este tiempo, el practicante realiza rituales de limpieza y de purificación, profundiza en la meditación y en la reflexión personal, y se compromete a vivir en armonía con los principios éticos y espirituales de la Wicca. Esta preparación no solo purifica el cuerpo y la mente, sino que también fortalece el espíritu, preparándolo para recibir las energías y las enseñanzas de la iniciación.

El ritual de iniciación en la Wicca varía de acuerdo a la tradición y al contexto en el que se realice, pero generalmente incluye símbolos de los cuatro elementos, representaciones de las deidades y el uso de herramientas rituales como el athame y la copa. Al comenzar, el practicante traza un círculo sagrado y se coloca en su centro, rodeado por los elementos, cada uno de los cuales representa un aspecto de su ser y de su camino. Durante el ritual, el wiccano se presenta ante las fuerzas divinas y declara su intención de caminar el sendero de la Wicca, expresando su compromiso de respeto, de humildad y de devoción hacia la naturaleza y el universo. Esta declaración es una afirmación de su voluntad de aprender y de crecer, de explorar los misterios con reverencia y de aceptar tanto la luz como la sombra de su propio ser.

El simbolismo de la muerte y el renacimiento es fundamental en el rito de iniciación. En muchas tradiciones wiccanas, el iniciado experimenta un acto simbólico que representa la "muerte" de su viejo ser y su "renacimiento" en el camino espiritual. Esto puede realizarse cubriendo los ojos con una venda para simbolizar la entrada en la oscuridad del misterio, o mediante la inmersión en agua, que representa la limpieza y la renovación. Al quitarse la venda o al emerger del agua, el iniciado se siente renacido, listo para abrazar el nuevo conocimiento y para aceptar los cambios que la práctica espiritual traerá a su vida. Este acto simbólico le recuerda que el camino de la Wicca es uno de constante transformación y de crecimiento, y que cada paso en el sendero es una oportunidad para dejar atrás lo viejo y renacer en una versión más auténtica de sí mismo.

La iniciación mística también incluye un juramento, un compromiso personal del practicante de vivir de acuerdo con los principios y con las enseñanzas de la Wicca. Este juramento es un pacto sagrado que el wiccano hace con su propia alma y con el universo, prometiendo actuar con integridad, con respeto hacia todas las formas de vida y con responsabilidad hacia las energías que invoca y manipula. El juramento se realiza en voz alta, y el practicante lo formula de manera que refleje sus valores y sus creencias personales. Este acto de palabra y de intención sella la iniciación y establece una conexión profunda con las fuerzas espirituales que acompañarán al wiccano en su viaje.

La entrega de un amuleto o de un símbolo sagrado es otra parte importante del rito de iniciación. Este objeto puede ser una piedra, una joya o una herramienta ritual que represente la protección y el compromiso del practicante con su camino. El amuleto se carga con la energía de la intención y del ritual y se convierte en un recordatorio de la iniciación y de las responsabilidades que el wiccano ha aceptado. Este objeto sagrado acompaña al practicante en su vida diaria y en sus rituales, reforzando la conexión con las fuerzas espirituales y sirviendo como una fuente de fortaleza y de guía en momentos de duda o de desafío.

La celebración de la primera luna llena después de la iniciación es un momento especial en la Wicca, conocido como la "luna de dedicación". Durante esta luna llena, el practicante realiza un ritual de agradecimiento y de reafirmación de su compromiso, aprovechando la energía lunar para profundizar en su vínculo con el camino. Este es un momento de reflexión y de celebración, en el que el wiccano honra el paso que ha dado y se abre a las experiencias y enseñanzas que el nuevo ciclo traerá. La luna llena simboliza la plenitud y la claridad, y al trabajar con su energía, el practicante siente el respaldo y la luz de lo divino en su vida.

El proceso de la iniciación no concluye con el rito en sí, sino que marca el comienzo de una vida de aprendizaje continuo y de autodescubrimiento. La iniciación es el primer paso de un viaje que el wiccano recorre día a día, enfrentando desafíos, integrando lecciones y profundizando en su práctica espiritual. Este viaje es una danza entre la exploración y la sabiduría, entre la aceptación y la transformación, y cada experiencia se convierte en una enseñanza que permite al practicante avanzar y expandir su conciencia. En la Wicca, la verdadera iniciación es un proceso que dura toda la vida, y el practicante se compromete a seguir aprendiendo y a evolucionar hasta alcanzar una conexión plena con lo divino.

La iniciación mística en la Wicca es, en última instancia, una celebración de la vida y de la conexión con el universo. Este rito sagrado enseña al practicante que el camino espiritual es un proceso de transformación continua y que cada paso en el sendero es una oportunidad para crecer y para descubrir su propia esencia. La iniciación le recuerda al wiccano que es parte de un todo mayor, y que, al caminar con respeto, con responsabilidad y con amor, contribuye a la armonía y al equilibrio de la creación.

Capítulo 46
Desarrollo Psíquico

El desarrollo psíquico en la Wicca es una práctica esencial que permite al wiccano despertar y afinar sus sentidos espirituales, abriendo las puertas de la percepción y de la intuición. Este desarrollo no solo es una habilidad práctica, sino también una forma de conectar profundamente con el propio ser, con la naturaleza y con las energías que fluyen en el universo. A través del desarrollo psíquico, el wiccano expande su conciencia, refuerza su conexión con los planos invisibles y aprende a interpretar las energías que lo rodean, alcanzando una comprensión intuitiva que guía su vida y su práctica.

En la Wicca, se considera que todos los seres humanos tienen capacidades psíquicas en potencia, aunque no siempre se encuentren desarrolladas o conscientes. La intuición, los sueños premonitorios, las sensaciones y la empatía son manifestaciones de la capacidad psíquica natural que cada persona posee. El desarrollo psíquico implica cultivar y refinar estas habilidades para aplicarlas de manera consciente y útil en el día a día. Este desarrollo no se logra de un día para otro, sino que es un proceso que requiere paciencia, práctica y apertura a las experiencias internas. Con el tiempo, el wiccano aprende a confiar en su intuición, a interpretar los símbolos y a sentir las energías que existen más allá de lo visible.

La meditación es una de las herramientas más importantes para el desarrollo psíquico. En la Wicca, la meditación permite al practicante aquietar la mente y abrirse a las percepciones sutiles. Al entrar en un estado de calma y de receptividad, el wiccano puede escuchar su voz interior, recibir mensajes intuitivos y percibir las vibraciones del entorno. La práctica regular de la meditación ayuda a liberar bloqueos mentales y emocionales, permitiendo que la energía fluya libremente y fortaleciendo la conexión con el propio ser y con el universo. Durante la meditación, el practicante puede visualizar una luz que rodea su cuerpo y que lo protege, permitiéndole explorar su mundo interno con seguridad y con confianza.

La visualización es otra técnica fundamental en el desarrollo psíquico, ya que permite al wiccano entrenar su mente y su imaginación para percibir y para trabajar con energías. A través de la visualización, el practicante aprende a concentrar su intención y a proyectar imágenes y símbolos que representan sus deseos y propósitos. Por ejemplo, puede visualizar una esfera de luz alrededor de su cuerpo para reforzar su campo energético o imaginar que su tercer ojo, el centro de percepción psíquica, se abre y se activa. La práctica de la visualización fortalece la capacidad de enfoque y ayuda a desarrollar una sensibilidad sutil que permite al wiccano conectar con su intuición y con su percepción espiritual.

El trabajo con el tercer ojo, también conocido como el chakra Ajna, es un aspecto central del desarrollo psíquico. Este centro de energía, ubicado en el centro de la frente, es considerado la sede de la intuición y de la visión espiritual. Al activar el tercer ojo, el wiccano puede acceder a niveles más profundos de percepción y recibir información que trasciende los sentidos físicos. Para activar el tercer ojo, el practicante puede realizar meditaciones específicas, visualizando una luz índigo que se expande en su frente, y trabajar con cristales como la amatista o el lapislázuli, que resuenan con la energía de este chakra. La activación del tercer ojo permite al wiccano experimentar una claridad mental y una conexión espiritual que enriquecen su práctica y su vida cotidiana.

Los sueños y el trabajo onírico son también una parte importante del desarrollo psíquico en la Wicca. Los wiccanos creen que los sueños son una puerta hacia el inconsciente y hacia el mundo espiritual, y que a través de ellos es posible recibir mensajes, resolver conflictos internos y explorar otras dimensiones de la realidad. Mantener un diario de sueños permite al practicante registrar sus experiencias oníricas y descubrir patrones y símbolos que revelan aspectos de su vida y de su camino espiritual. Los sueños lúcidos, en los que el wiccano es consciente de que está soñando, permiten una exploración activa del mundo onírico, ofreciendo al practicante la oportunidad de interactuar conscientemente con su subconsciente y de profundizar en su autoconocimiento.

El uso de herramientas de adivinación como el tarot, las runas o el péndulo también es fundamental en el desarrollo psíquico. Estas herramientas actúan como canales que permiten al practicante acceder a su intuición y recibir información de manera simbólica. Al aprender a interpretar los símbolos y las imágenes de estas herramientas, el wiccano fortalece su conexión con su percepción intuitiva y aprende a confiar en sus habilidades psíquicas. La práctica regular de la adivinación enseña al practicante a reconocer los mensajes sutiles que el universo le envía y a interpretar las señales que recibe de una manera constructiva y equilibrada.

La empatía y la sensibilidad energética son habilidades psíquicas importantes en la Wicca, ya que permiten al practicante percibir y comprender las emociones y las energías de los demás. La empatía es la capacidad de sentir lo que otros sienten, mientras que la sensibilidad energética es la habilidad de detectar las vibraciones y las emociones presentes en un lugar o en una persona. Para desarrollar estas habilidades, el wiccano aprende a diferenciar entre sus propias emociones y las de los demás, fortaleciendo su campo energético para evitar absorber energías externas de manera involuntaria. El uso de cristales como la turmalina negra y la obsidiana es útil para protegerse y para mantener el equilibrio, permitiendo que el practicante mantenga una conexión saludable con su entorno.

La conexión con los guías espirituales es otra faceta del desarrollo psíquico en la Wicca. Los guías son seres de luz o entidades espirituales que acompañan y apoyan al practicante en su vida y en su práctica espiritual. Al establecer una relación con sus guías, el wiccano recibe orientación, protección y ayuda en momentos de duda o de desafío. Para conectarse con sus guías, el practicante realiza meditaciones o rituales de invocación, estableciendo un canal de comunicación y permitiendo que su presencia se manifieste. Esta conexión es una fuente de inspiración y de apoyo, y al confiar en sus guías, el wiccano descubre que no está solo en su camino y que siempre cuenta con la ayuda de fuerzas espirituales que lo aman y lo protegen.

El control y la limpieza energética son aspectos esenciales en el desarrollo psíquico, ya que trabajar con energías sutiles requiere una mente y un campo energético claros. El wiccano aprende a liberar cualquier energía densa o negativa que pueda haber absorbido durante sus prácticas, utilizando técnicas de purificación como el uso de incienso, de hierbas como la salvia o de baños de sal. Al limpiar su energía regularmente, el practicante asegura que su percepción psíquica sea clara y que sus habilidades se fortalezcan sin interferencias. La limpieza energética es una manera de respetar el propio cuerpo y de prepararse para una práctica psíquica sana y equilibrada.

El desarrollo psíquico en la Wicca es, en última instancia, un proceso de autodescubrimiento y de conexión con la esencia universal. A través de esta práctica, el wiccano no solo despierta sus habilidades intuitivas, sino que también aprende a vivir con sensibilidad, empatía y respeto hacia todas las formas de vida. Este desarrollo es un recordatorio de que el universo es un flujo constante de energía y de conocimiento, y que al abrirse a su percepción, el practicante se convierte en un canal de armonía y de paz.

El desarrollo psíquico enseña al wiccano a confiar en su intuición y a escuchar su voz interior, permitiéndole vivir en sintonía con su propósito y con las fuerzas espirituales que lo rodean. Este viaje de expansión psíquica es una celebración del potencial humano y una invitación a descubrir la magia que existe en cada rincón del universo, recordando que la verdadera percepción nace de un corazón y de una mente abiertos al misterio de la creación.

Capítulo 47
Sanación Energética

La sanación energética en la Wicca es una práctica profunda y sagrada que permite al practicante armonizar su propio cuerpo energético y el de los demás, restaurando el equilibrio y promoviendo la salud en todos los niveles: físico, emocional, mental y espiritual. Esta forma de sanación parte de la creencia de que el universo y todos los seres están compuestos de energía, y que el flujo saludable de esta energía es esencial para el bienestar. La sanación energética es, en esencia, una expresión de amor y de compasión, una manera de canalizar las fuerzas de la naturaleza y del universo para aliviar el sufrimiento y para devolver el equilibrio.

En la Wicca, el cuerpo energético es considerado el núcleo de la vitalidad y de la salud; cualquier desarmonía en el cuerpo físico suele ser precedida por desequilibrios en el campo energético. La sanación energética trabaja para identificar y para corregir estos desequilibrios antes de que se manifiesten como enfermedades o conflictos emocionales. La práctica se centra en liberar bloqueos energéticos, en equilibrar los chakras y en limpiar el aura, permitiendo que la energía fluya de manera natural. La sanación energética es también una forma de autoconocimiento, ya que, al trabajar en sus propias energías, el wiccano aprende a comprender y a gestionar sus emociones, sus pensamientos y su conexión con el universo.

El trabajo con los chakras es una de las técnicas centrales en la sanación energética. Los chakras son centros de energía que se encuentran a lo largo del cuerpo y que están asociados con diferentes aspectos de la salud y de la conciencia. Cada chakra tiene su propio color, frecuencia y función, y el equilibrio de estos centros es fundamental para el bienestar del practicante. Por ejemplo, el chakra raíz, ubicado en la base de la columna vertebral, está asociado con la seguridad y con la conexión con la tierra; el chakra del corazón, en el centro del pecho, está vinculado con el amor y con la compasión. Al trabajar en el equilibrio de los chakras, el wiccano utiliza técnicas de visualización y de respiración, así como cristales y colores específicos, para restaurar la armonía en estos centros y promover un flujo de energía saludable.

La limpieza del aura es otra práctica común en la sanación energética. El aura es el campo energético que rodea el cuerpo físico y que actúa como una capa de protección y de percepción. Cuando el aura está cargada de energías negativas o bloqueada, el practicante puede experimentar fatiga, ansiedad o desconexión. Para limpiar el aura, el wiccano puede utilizar hierbas como la salvia o el romero, pasando el humo alrededor de su cuerpo para liberar cualquier densidad energética. También puede recurrir a la visualización, imaginando una luz dorada o blanca que rodea su cuerpo y que disuelve cualquier energía no deseada. La limpieza del aura permite que el practicante restablezca su vitalidad y refuerce su conexión con el mundo.

El uso de cristales es esencial en la sanación energética, ya que cada cristal tiene una vibración única que puede armonizar y equilibrar el campo energético del practicante. Cristales como el cuarzo transparente, la amatista y la turmalina negra son utilizados para diferentes fines de sanación. El cuarzo transparente, conocido como un amplificador de energía, se utiliza para limpiar y para recargar el cuerpo energético. La amatista, con su energía calmante, ayuda a aliviar el estrés y a armonizar las emociones, mientras que la turmalina negra es una piedra de protección que absorbe energías negativas y fortalece el aura. Al colocar estos cristales sobre los chakras o al sostenerlos en la mano, el wiccano permite que su energía trabaje en su campo, promoviendo un estado de equilibrio y de paz.

La imposición de manos, o sanación a través del toque, es otra técnica poderosa que permite canalizar energía de sanación a través del cuerpo del practicante hacia el cuerpo de la persona que recibe el tratamiento. Durante este proceso, el wiccano coloca sus manos a una distancia corta del cuerpo o directamente sobre las zonas que necesitan sanación, visualizando una luz sanadora que fluye a través de sus manos. Este método, también conocido como "curación por energía," utiliza la intención y la concentración para dirigir la energía hacia áreas específicas, liberando bloqueos y promoviendo la circulación de la energía vital. La imposición de manos es una técnica que requiere sensibilidad y respeto, y se realiza en un estado de meditación y de conexión con las fuerzas espirituales.

La respiración consciente es una herramienta fundamental en la sanación energética. La respiración no solo aporta oxígeno al cuerpo, sino que también permite que la energía fluya de manera armónica. En la Wicca, el control de la respiración se utiliza para centrar la mente y para dirigir la energía a través del cuerpo. Durante una sesión de sanación, el practicante respira profundamente, visualizando cómo cada inhalación trae energía renovada y cómo cada exhalación libera cualquier tensión o negatividad. Esta técnica simple pero poderosa ayuda a abrir los canales energéticos y a purificar el cuerpo y la mente, permitiendo que el practicante se sintonice con el flujo de la vida.

El agua es un elemento purificador que también se utiliza en la sanación energética. En la Wicca, el agua se considera sagrada y se asocia con las emociones y con la intuición. Los baños rituales con sal o hierbas son comunes en la sanación energética, ya que permiten liberar cualquier energía densa y restaurar el equilibrio emocional. Al sumergirse en agua salada o al rociar agua bendita en su cuerpo, el practicante visualiza cómo el agua limpia y disuelve cualquier bloqueo, llevándose consigo todas las energías indeseadas. Este proceso no solo purifica el cuerpo físico, sino que también renueva el espíritu y aporta una sensación de paz y de claridad.

El sonido es otra herramienta poderosa para la sanación energética, ya que cada vibración afecta el campo energético de manera específica. Los cuencos tibetanos, los tambores y los cánticos son utilizados para crear una frecuencia sanadora que armoniza la energía y que eleva la vibración del espacio y del practicante. En una sesión de sanación, el sonido permite liberar bloqueos energéticos y restaurar el flujo de energía de manera natural y efectiva. Los wiccanos utilizan el sonido no solo para sanar, sino también para elevar el espíritu y para crear una conexión profunda con el universo.

La intención y el enfoque son aspectos esenciales en la sanación energética. En la Wicca, se considera que la verdadera sanación ocurre cuando el practicante dirige su intención de manera clara y positiva. La intención es la chispa que activa el proceso de sanación y que permite que la energía fluya hacia donde más se necesita. Durante una sesión de sanación, el wiccano visualiza un resultado positivo, como la armonía y la paz, y enfoca su mente en ese propósito, permitiendo que la energía siga la dirección de su intención. Este enfoque no solo ayuda a fortalecer el proceso de sanación, sino que también refuerza la conexión con el propio espíritu y con el poder de la intención.

La sanación energética en la Wicca es, en última instancia, un acto de amor y de respeto hacia la vida. Este proceso enseña al practicante que la salud y el bienestar son el reflejo de un equilibrio energético, y que al sanar, también se contribuye a la armonía del universo. La sanación energética es una manifestación de la interconexión entre todos los seres y de la responsabilidad de cada uno de contribuir al equilibrio de la creación.

A través de la sanación energética, el wiccano aprende a vivir en sintonía con su propio ser y con el flujo de la vida. Cada acto de sanación es un recordatorio de que la verdadera paz y la salud surgen de la armonía con uno mismo y con el universo. En cada sesión de sanación, el practicante se convierte en un canal de amor y de luz, transformando la energía y expandiendo la paz y el equilibrio en su vida y en el mundo.

Capítulo 48
Formación Sacerdotal

La formación sacerdotal en la Wicca es un camino de compromiso, de disciplina y de profundo servicio, en el que el practicante se prepara para asumir el rol de guía y de facilitador espiritual en su comunidad. Ser sacerdote o sacerdotisa en la Wicca no es solo una responsabilidad ceremonial, sino también una vocación de liderazgo y de cuidado, en la que se dedica a servir a los dioses, a la naturaleza y a la gente. Esta formación enseña a cultivar la sabiduría y a desarrollar habilidades que permitan transmitir el conocimiento, apoyar a otros en su camino y guiar los rituales y ceremonias que honran las fuerzas de la naturaleza.

El primer paso en la formación sacerdotal es el estudio profundo de los principios de la Wicca y de la filosofía espiritual. Este proceso incluye aprender sobre los elementos, los ciclos naturales, los Sabbats y Esbats, la deidad y los principios éticos que guían la práctica. Además, el futuro sacerdote o sacerdotisa estudia los mitos y los símbolos, desarrollando un entendimiento profundo de las creencias wiccanas y del rol que juegan en la vida espiritual de la comunidad. La sabiduría no solo se encuentra en los libros, sino también en la experiencia, por lo que el aprendiz practica estos principios en su vida cotidiana, integrando la espiritualidad en cada aspecto de su ser.

La meditación y el autoconocimiento son pilares fundamentales en la formación sacerdotal. En la Wicca, se considera que un sacerdote o sacerdotisa debe ser un canal claro para las energías divinas, y este estado de claridad solo se alcanza a través de la introspección y del trabajo interior. El practicante dedica tiempo a la meditación diaria, explorando su mente y sus emociones, enfrentando sus sombras y trabajando en su crecimiento personal. A través de este proceso, aprende a dominar sus emociones, a calmar su mente y a abrir su corazón, desarrollando una presencia estable y serena que le permite sostener a otros en momentos de necesidad. El autoconocimiento no solo fortalece al practicante, sino que también le da la humildad y la empatía necesarias para guiar a los demás.

El trabajo con la energía es una habilidad esencial en la formación sacerdotal, ya que el sacerdote o sacerdotisa se convierte en un canal para las fuerzas espirituales y en un facilitador del flujo de energía en los rituales. Este entrenamiento incluye aprender a percibir y a dirigir la energía, a crear círculos de protección y a invocar a los elementos y a las deidades. Durante su formación, el practicante realiza ejercicios que le enseñan a controlar su campo energético y a sintonizarse con la energía de los demás, permitiéndole apoyar y sostener el espacio sagrado. Esta habilidad no solo se utiliza en rituales, sino también en la vida cotidiana, en la que el sacerdote o sacerdotisa aprende a mantener su equilibrio y su centro en todo momento.

La conexión con la naturaleza y con las deidades es fundamental para el sacerdote o sacerdotisa wiccano, quien actúa como un puente entre lo divino y la comunidad. Durante su formación, el practicante dedica tiempo a establecer una relación personal con la naturaleza, pasando tiempo en la tierra, observando sus ciclos y sintiendo su energía. También aprende a honrar y a escuchar a las deidades, estableciendo una conexión profunda y respetuosa con ellas. Esta relación no es solo ritualística, sino también personal y directa; el sacerdote o sacerdotisa se convierte en un vehículo de las energías divinas, canalizando su sabiduría y amor hacia aquellos a quienes guía. Esta conexión permite que el practicante se sienta parte del todo y que entienda su rol como un servidor de la vida en su manifestación sagrada.

La formación en el arte ritual es un aspecto esencial de la formación sacerdotal, ya que el sacerdote o sacerdotisa es quien dirige y facilita los rituales de la comunidad. Este entrenamiento incluye aprender a crear y a mantener el espacio sagrado, a dirigir invocaciones y a trabajar con las herramientas rituales de manera efectiva y significativa. La práctica de la voz y del lenguaje corporal es importante en este contexto, ya que el sacerdote o sacerdotisa aprende a proyectar su energía y a comunicar con claridad y con intención. Al dominar el arte ritual, el practicante se convierte en un líder capaz de guiar a otros en experiencias espirituales profundas, utilizando el poder del símbolo y de la ceremonia para conectar a la comunidad con lo sagrado.

La enseñanza es otro aspecto clave de la formación sacerdotal, ya que el sacerdote o sacerdotisa tiene la responsabilidad de transmitir el conocimiento y de guiar a los demás en su propio camino espiritual. Para ello, el practicante desarrolla habilidades de comunicación y aprende a compartir sus conocimientos de manera clara y comprensible. Además, aprende a adaptarse a las necesidades de cada persona, ofreciendo apoyo y orientación según el nivel y la situación de cada uno. La enseñanza en la Wicca no es solo una transmisión de información, sino también una forma de guiar hacia la sabiduría interna, ayudando a los demás a descubrir su propia conexión con la espiritualidad y con el universo.

La ética es un componente fundamental de la formación sacerdotal en la Wicca. Un sacerdote o sacerdotisa wiccano actúa como un ejemplo de integridad y de respeto hacia todas las formas de vida, guiándose por principios de responsabilidad, de compasión y de justicia. Durante su formación, el practicante reflexiona sobre la Ley Triple y sobre los valores de la Wicca, comprometiéndose a actuar con honestidad y con bondad en todos los aspectos de su vida. La ética en la Wicca también implica respeto hacia el libre albedrío de los demás y la conciencia de que el poder espiritual debe usarse para el bien y para la armonía. Este compromiso ético es una guía constante en la vida del sacerdote o sacerdotisa, quien entiende que su rol es uno de servicio y de responsabilidad hacia la comunidad y hacia el mundo.

El compromiso y la dedicación son aspectos esenciales en la formación sacerdotal. Ser sacerdote o sacerdotisa no es una función temporal, sino un camino de vida que requiere dedicación constante y apertura al aprendizaje. El practicante se compromete a seguir evolucionando y a profundizar en su conexión con lo divino, a estudiar y a practicar para mantener sus habilidades y su conexión espiritual. Este compromiso le recuerda al sacerdote o sacerdotisa que su vocación es un servicio sagrado y que su papel es el de apoyar y guiar con humildad y respeto, permitiendo que cada persona encuentre su propio camino.

El reconocimiento y la aceptación de la responsabilidad sacerdotal finalizan el proceso de formación. Al asumir su rol, el sacerdote o sacerdotisa acepta que su vida es un canal de guía y de sanación para otros y que cada acto tiene un impacto en la comunidad y en el mundo. Este reconocimiento no es un acto de poder, sino de humildad y de entrega, una expresión de amor y de dedicación a la vida y a lo sagrado. Con esta comprensión, el sacerdote o sacerdotisa se convierte en un servidor del equilibrio y de la armonía, honrando su rol y respetando el viaje espiritual de cada ser.

La formación sacerdotal en la Wicca es un camino de autodescubrimiento y de servicio, una invitación a vivir en profunda conexión con el universo y con lo divino. Este proceso transforma al practicante, enseñándole que la verdadera espiritualidad es una expresión de amor, de respeto y de compasión. A través de esta formación, el sacerdote o sacerdotisa se convierte en un guardián de la sabiduría antigua, en un guía para la comunidad y en un canal de luz y de paz para todos aquellos que buscan su apoyo y su guía.

En última instancia, el camino sacerdotal es un acto de entrega y de servicio, un compromiso con la vida y con el universo. El sacerdote o sacerdotisa wiccano se convierte en un testigo del poder de la creación y en un defensor del equilibrio, recordando siempre que su rol es uno de humildad y de gratitud. Al honrar su vocación, el sacerdote o sacerdotisa cumple con su propósito y vive en armonía con el todo, encontrando en su camino la paz y la plenitud de la verdadera conexión espiritual.

Capítulo 49
Liderazgo Ritual

El liderazgo ritual en la Wicca es un arte sagrado que implica la capacidad de guiar y de inspirar a otros en ceremonias que honran los ciclos de la naturaleza, los elementos y las deidades. Este rol demanda un equilibrio entre el conocimiento espiritual, la sensibilidad hacia las necesidades de la comunidad y la habilidad para canalizar las energías de los participantes hacia un propósito común. Un líder ritual wiccano no es solo un organizador de ceremonias, sino un facilitador de experiencias espirituales profundas y significativas, quien ayuda a otros a conectarse con el universo y con su propio ser.

Para liderar un ritual de manera efectiva, el wiccano debe tener una comprensión sólida de los principios y de la estructura de los rituales. Esto incluye el conocimiento de cómo crear y cerrar un círculo, la habilidad para invocar a los elementos y a las deidades, y el uso de las herramientas rituales de manera adecuada y respetuosa. Un líder ritual debe saber cómo fluir con el ritmo natural de la ceremonia, sin rigidez, permitiendo que la energía se manifieste y se mueva libremente. Cada ritual tiene su propio propósito y su propio tono, y el líder se convierte en un guardián de la atmósfera sagrada, estableciendo un ambiente propicio para que cada participante experimente su conexión personal con lo divino.

La preparación personal es un componente fundamental del liderazgo ritual. Antes de guiar un ritual, el líder dedica tiempo a la meditación y a la limpieza de su propio campo energético, asegurándose de que su mente esté clara y su intención sea pura. Este proceso de preparación permite al líder actuar como un canal receptivo para las energías que va a invocar, eliminando cualquier distracción o emoción que pueda interferir en la ceremonia. Al alinearse consigo mismo y con su propósito, el líder ritual se convierte en un conductor claro y equilibrado, listo para sostener el espacio sagrado y para guiar a los demás con respeto y humildad.

El conocimiento y el manejo de la energía es esencial para un líder ritual. Durante la ceremonia, el líder debe ser capaz de percibir el flujo de energía en el espacio, identificando cuándo la energía necesita elevarse o cuándo es necesario reducirla para mantener el equilibrio. Esta sensibilidad energética permite al líder ajustar la dinámica del ritual, guiando a los participantes en momentos de concentración profunda o de liberación emocional. El liderazgo ritual en la Wicca implica tanto la percepción como la dirección consciente de la energía, transformándola en un recurso que nutre y que eleva la experiencia de todos los presentes.

La empatía y la intuición son cualidades que todo líder ritual debe desarrollar. Cada participante llega al ritual con su propia experiencia, sus propios deseos y su energía única, y el líder debe ser capaz de captar estas necesidades sin palabras. La empatía permite al líder crear un espacio seguro y acogedor, en el que cada persona se sienta aceptada y respetada. La intuición, por su parte, permite al líder sentir cuándo un ritual necesita un cambio en su dirección o en su ritmo, siguiendo las necesidades energéticas y emocionales de los participantes. Estas cualidades ayudan a crear un vínculo entre el líder y la comunidad, permitiendo que el ritual se desarrolle de manera armoniosa y que todos se sientan incluidos.

La comunicación efectiva es otra habilidad esencial en el liderazgo ritual. Un líder debe poder expresar claramente las instrucciones y los significados de cada parte del ritual, de manera que los participantes comprendan y se sientan integrados en el proceso. Al guiar las invocaciones o las meditaciones, el líder utiliza su voz para proyectar y para transmitir su intención, permitiendo que la energía de sus palabras llegue a todos los presentes. La comunicación no se limita a las palabras, sino que también incluye el lenguaje corporal y la expresión de emociones, creando un ambiente de confianza y de apertura en el que cada persona se sienta libre de expresar su espiritualidad.

La improvisación y la adaptabilidad son cualidades esenciales para un líder ritual, ya que ningún ritual es completamente predecible. El líder debe estar preparado para adaptarse a las circunstancias y para permitir que el ritual fluya de acuerdo con la energía del momento. Esto puede incluir cambiar el orden de los elementos rituales, adaptar una invocación o modificar el tono de la ceremonia para alinearse con las emociones de los participantes. La flexibilidad permite al líder ritual responder con sensibilidad y con creatividad a las necesidades de cada momento, asegurando que la ceremonia sea una experiencia viva y en sintonía con el aquí y el ahora.

La capacidad de transmitir un sentido de propósito es una cualidad esencial del liderazgo ritual. Un líder ritual no solo facilita un evento, sino que también ayuda a los participantes a conectar con un propósito mayor, ya sea honrar un ciclo natural, pedir protección o celebrar un logro. Este sentido de propósito eleva el ritual y permite que todos los presentes se unan en una intención común. Para transmitir este propósito, el líder utiliza símbolos, palabras y acciones que representan la esencia de la ceremonia, recordando a los participantes el significado de cada acto y guiándolos hacia una experiencia de conexión profunda.

El trabajo con los elementos es una práctica esencial en el liderazgo ritual. En la Wicca, los elementos de tierra, agua, aire y fuego son aspectos fundamentales de la ceremonia, y el líder debe saber cómo invocarlos y cómo interactuar con ellos. Cada elemento aporta una cualidad específica al ritual: la estabilidad de la tierra, la intuición del agua, la claridad del aire y la pasión del fuego. Al invocar a los elementos, el líder utiliza gestos, palabras y visualizaciones para atraer sus energías y para integrarlas en el espacio sagrado. Esta invocación conecta a los participantes con la naturaleza y con el equilibrio del universo, permitiendo que cada persona experimente la unión con los elementos y con su propio ser.

La apertura y el cierre del círculo son actos fundamentales en el liderazgo ritual. Al abrir el círculo, el líder crea un espacio sagrado en el que las energías pueden moverse libremente y en el que los participantes están protegidos. Al cerrar el círculo, el líder agradece a las deidades, a los elementos y a los participantes, liberando la energía acumulada y devolviendo el espacio a su estado habitual. La apertura y el cierre del círculo marcan el inicio y el final de la experiencia ritual, y el líder debe realizar estos actos con conciencia y con respeto, asegurándose de que la energía del círculo permanezca equilibrada y de que todos los presentes se sientan completos y satisfechos.

La conexión con las deidades es también un aspecto profundo del liderazgo ritual. En la Wicca, el líder ritual actúa como un canal entre los participantes y las fuerzas divinas, invocando a las deidades y facilitando la comunicación con ellas. Esta conexión es personal y sagrada, y el líder se entrega a este rol con respeto y humildad. Al invocar a las deidades, el líder invita a la presencia de lo divino al círculo, permitiendo que su sabiduría y su amor se manifiesten y guíen el ritual. La presencia de las deidades aporta un sentido de misterio y de sacralidad, recordando a los participantes que son parte de un universo vasto y lleno de significado.

En última instancia, el liderazgo ritual en la Wicca es una vocación de servicio y de amor hacia la comunidad y hacia lo divino. Este rol es una responsabilidad y un honor, que requiere dedicación, sensibilidad y una profunda conexión con el propio ser y con el universo. El líder ritual se convierte en un guía, en un facilitador de experiencias espirituales y en un guardián del espacio sagrado, permitiendo que cada persona se conecte con su propia esencia y con el flujo de la vida.

El liderazgo ritual es un camino de autodescubrimiento y de humildad, un compromiso de vivir en armonía con los ciclos naturales y de guiar a otros hacia la paz y hacia la plenitud. En cada ceremonia, el líder ritual renueva su promesa de respeto y de amor hacia la vida, encontrando en su rol la oportunidad de servir y de crecer en conexión con la fuerza divina que habita en todo.

Capítulo 50
Enseñanza Sagrada

La enseñanza sagrada en la Wicca es un arte que se basa en la transmisión de conocimientos espirituales y prácticos a través de la experiencia, la sabiduría y la intuición. En la Wicca, la enseñanza no es solo la instrucción en rituales y conceptos, sino también una guía hacia la autocomprensión y la conexión con el universo. Aquellos que han alcanzado un nivel avanzado en la práctica tienen la responsabilidad de compartir sus conocimientos con los iniciados y con aquellos que buscan su propio camino espiritual. Enseñar en la Wicca es una vocación que implica respeto, compromiso y un profundo entendimiento de la naturaleza sagrada de la vida y de la práctica mágica.

La transmisión de conocimientos en la Wicca se realiza de manera personal y directa, a menudo a través de un coven, aunque también puede darse entre practicantes en solitario que buscan el aprendizaje individual o la orientación de un mentor. Este método de enseñanza refleja el carácter experiencial de la Wicca, en el que el conocimiento se convierte en sabiduría solo a través de la práctica y la vivencia personal. El rol del maestro en la Wicca es el de un guía que ayuda a abrir puertas, permitiendo que el alumno explore y descubra sus propias respuestas, sin imponer un dogma rígido o una verdad única. Esta enseñanza respetuosa y abierta honra el libre albedrío y fomenta la autodependencia, permitiendo que cada persona desarrolle su propia relación con lo sagrado.

La ética es una parte central de la enseñanza sagrada en la Wicca. Un maestro wiccano transmite no solo conocimientos prácticos, sino también valores éticos fundamentales, como el respeto a la vida, la responsabilidad en el uso de la magia y el compromiso con el crecimiento espiritual. En este contexto, el maestro actúa como un ejemplo vivo, demostrando que la verdadera sabiduría va de la mano con la humildad y el amor hacia todas las formas de vida. La enseñanza de la Ley Triple y de los principios éticos de la Wicca recuerda al alumno que cada acción tiene un impacto y que el poder espiritual solo debe emplearse para el bien y el equilibrio. El maestro inspira a sus alumnos a vivir con integridad, reforzando la idea de que la Wicca es un camino de respeto y de armonía con el todo.

La transmisión oral y la tradición son características esenciales de la enseñanza en la Wicca. Durante siglos, la sabiduría de la Wicca se transmitió de maestro a discípulo, creando un legado de conocimientos que se enriqueció con el tiempo. La enseñanza oral permite que los conocimientos se adapten a las circunstancias y a las personas, proporcionando un enfoque flexible y vivo que se ajusta a las necesidades de cada alumno. Los cuentos, los mitos y las historias son parte importante de esta enseñanza, ya que permiten que el alumno se conecte emocional y espiritualmente con los conceptos. Estas historias y enseñanzas no solo transmiten información, sino que también inspiran al practicante, recordándole que forma parte de una tradición rica y antigua.

El aprendizaje experiencial es un método clave en la enseñanza sagrada, ya que la Wicca es una práctica vivencial que requiere compromiso y práctica directa. A través de ejercicios, rituales y meditaciones, el maestro permite que el alumno experimente de primera mano las energías y los conceptos que estudia. Por ejemplo, un maestro puede guiar a su alumno en una meditación de conexión con los elementos o en un ritual de invocación, permitiendo que el estudiante experimente por sí mismo el poder de estas prácticas. Este enfoque práctico ayuda a que el conocimiento se vuelva personal y significativo, y permite que el alumno aprenda a confiar en su intuición y en su experiencia directa.

El arte de la escucha es una habilidad esencial en la enseñanza sagrada. Un buen maestro en la Wicca no solo comparte su conocimiento, sino que también escucha las necesidades y las inquietudes de sus alumnos, comprendiendo que cada persona tiene un camino único. Al escuchar, el maestro permite que el alumno se exprese libremente, creando un ambiente de confianza y de apertura en el que el aprendizaje fluye de manera natural. La escucha activa permite que el maestro adapte su enseñanza a las necesidades individuales, guiando al alumno hacia sus propios descubrimientos y permitiendo que encuentre respuestas dentro de sí mismo.

La paciencia y la comprensión son cualidades fundamentales para aquellos que enseñan en la Wicca. Cada alumno aprende a su propio ritmo, y el maestro debe ser capaz de respetar este proceso sin apresurarlo ni imponer expectativas. La paciencia permite que el maestro observe el crecimiento natural del alumno, apoyándolo en los momentos de duda y celebrando sus logros. La comprensión es esencial, ya que cada persona enfrenta desafíos y experiencias distintas en su camino. Al practicar la paciencia y la empatía, el maestro no solo se convierte en una guía, sino también en un apoyo emocional y espiritual, ayudando a sus alumnos a superar obstáculos y a crecer en confianza y en fortaleza.

La creación de un ambiente seguro y de confianza es esencial en la enseñanza sagrada. El maestro debe crear un espacio en el que el alumno se sienta libre de expresar sus pensamientos, sus emociones y sus preguntas sin temor al juicio. Este ambiente seguro permite que el alumno explore sus dudas y sus inquietudes, sabiendo que está en un espacio de respeto y de aceptación. En la Wicca, la práctica espiritual es profundamente personal, y el alumno necesita sentirse en confianza para abrirse y para conectar con sus propias experiencias y emociones. El maestro, al crear este espacio, permite que el aprendizaje se dé de manera natural y profunda.

La guía hacia el autoconocimiento es uno de los aspectos más importantes de la enseñanza sagrada en la Wicca. Un verdadero maestro no busca imponer su visión, sino ayudar al alumno a descubrir su propio camino y su conexión con lo divino. Al guiar al alumno en prácticas de introspección, como la meditación y la reflexión personal, el maestro fomenta el autoconocimiento y la autoconfianza, enseñando que el verdadero poder y la verdadera sabiduría se encuentran en el interior de cada persona. Esta guía hacia el autoconocimiento permite que el alumno crezca en libertad y en autenticidad, aprendiendo a confiar en su propio juicio y en su intuición.

La enseñanza de la creatividad y de la adaptabilidad es también un aspecto clave en la enseñanza sagrada. En la Wicca, cada ritual y cada práctica puede ser adaptado y personalizado para reflejar la individualidad del practicante. El maestro enseña al alumno a explorar su creatividad, a experimentar y a encontrar su propio estilo dentro de la tradición wiccana. Esta creatividad permite que la práctica sea algo vivo y auténtico, una expresión personal de la conexión con la naturaleza y con lo divino. Al fomentar la creatividad, el maestro permite que el alumno se convierta en un practicante autónomo y en un canal único de la espiritualidad wiccana.

En última instancia, la enseñanza sagrada en la Wicca es un acto de amor y de entrega hacia el camino espiritual y hacia la comunidad. Aquellos que enseñan en la Wicca comprenden que su rol es el de un guardián de la sabiduría, una figura de guía y de apoyo que ayuda a otros a descubrir su propio poder y a encontrar su lugar en el gran ciclo de la vida. La enseñanza no es solo la transmisión de conocimientos, sino también una forma de servicio y de respeto hacia la tradición y hacia todos los que buscan la conexión con lo divino.

El maestro wiccano comprende que su verdadera misión es inspirar y despertar en cada alumno el amor por la naturaleza, por el misterio y por el conocimiento. Este amor es la esencia de la enseñanza sagrada, una fuerza que se transmite de generación en generación y que nutre el espíritu de la Wicca. La enseñanza en la Wicca es, en última instancia, una celebración de la vida y del universo, un recordatorio de que el conocimiento es un viaje continuo y de que, en cada alma, reside una chispa del misterio eterno.

Capítulo 51
Legado Wiccano

El legado wiccano es una herencia de sabiduría y de conexión espiritual que se extiende más allá de generaciones y fronteras, reflejando el profundo amor y respeto por la naturaleza y por los misterios del universo. Esta tradición, aunque moderna en sus raíces, se nutre de conocimientos ancestrales y del entendimiento de que todos los seres están conectados en el ciclo eterno de la vida. Preservar y honrar el legado wiccano significa comprender el valor de esta herencia y aceptar la responsabilidad de protegerla y transmitirla a quienes buscan descubrir su propia espiritualidad en sintonía con la tierra y con lo divino.

La preservación de la Wicca como legado es, ante todo, un acto de amor y de dedicación. Aquellos que siguen el camino wiccano comprenden que su práctica y sus conocimientos son parte de un linaje espiritual que enriquece sus vidas y las vidas de quienes los rodean. Al respetar y transmitir los principios de la Wicca, el practicante asegura que la sabiduría y la armonía de esta tradición sigan inspirando y guiando a futuras generaciones. Este legado no es estático, sino que evoluciona, y cada practicante aporta su experiencia y su aprendizaje personal, enriqueciendo la tradición y manteniéndola viva y relevante en un mundo en constante cambio.

La enseñanza de los valores éticos y espirituales es fundamental para preservar el legado wiccano. La Ley Triple, que recuerda al practicante que toda energía enviada regresa multiplicada, y los principios de respeto hacia la vida y de responsabilidad en el uso de la magia, son enseñanzas esenciales que protegen la integridad y la autenticidad de la Wicca. Al actuar con integridad y al guiar su vida de acuerdo con estos principios, el practicante transmite a las futuras generaciones el valor de vivir en armonía con uno mismo, con los demás y con el universo. Este compromiso con los principios éticos asegura que la Wicca siga siendo un camino de amor, de respeto y de crecimiento espiritual.

La documentación y el registro de conocimientos son prácticas importantes en la preservación de la Wicca. Tradicionalmente, los conocimientos wiccanos se transmitieron de forma oral, de maestro a discípulo; sin embargo, en el mundo contemporáneo, se reconoce la importancia de registrar y de compartir estos conocimientos a través de libros, de grimorios y de escritos personales. Muchos wiccanos crean su propio Libro de las Sombras, un compendio de experiencias, rituales y sabiduría personal que sirve como legado individual y como guía espiritual. Estos libros no solo preservan el conocimiento, sino que también reflejan la evolución y la adaptación de la Wicca a los tiempos actuales, permitiendo que la tradición crezca y se adapte a cada generación.

La creación de comunidades y de círculos es otro aspecto esencial en la preservación del legado wiccano. La Wicca valora tanto el camino en solitario como el camino en comunidad, y los covens y círculos sagrados permiten que los practicantes compartan sus experiencias, sus aprendizajes y su energía en un ambiente de apoyo mutuo. Estas comunidades refuerzan el sentido de pertenencia y de propósito, transmitiendo a los nuevos practicantes la importancia de la hermandad y de la unidad. Los covens no solo son lugares de práctica y de aprendizaje, sino también espacios en los que se cultiva el respeto por la diversidad de experiencias y de conocimientos, asegurando que el legado wiccano sea inclusivo y accesible para todos.

La enseñanza y la formación de nuevos practicantes son responsabilidades importantes para aquellos que han avanzado en el camino wiccano. Los maestros y guías de la Wicca asumen el compromiso de transmitir su sabiduría con respeto y con humildad, recordando que el conocimiento espiritual es un regalo que debe ser compartido de manera ética. La enseñanza en la

Wicca no es una imposición, sino una invitación a explorar y a descubrir. Al guiar a los nuevos practicantes en su propio proceso de aprendizaje y de autoconocimiento, los maestros aseguran que la tradición wiccana permanezca viva y que cada generación encuentre su propia conexión con el misterio y con lo sagrado.

La integración de la Wicca en el mundo contemporáneo es un desafío y una oportunidad en la preservación de su legado. En un mundo donde la tecnología y la urbanización alejan a muchas personas de la naturaleza, la Wicca ofrece una reconexión con el entorno natural y con el ritmo de la vida. Al adaptar sus prácticas y sus enseñanzas a las circunstancias actuales, los wiccanos encuentran maneras de integrar la espiritualidad en su vida diaria, independientemente de su entorno. Esta adaptación permite que la Wicca sea accesible para aquellos que buscan un camino espiritual, brindándoles herramientas para encontrar equilibrio y paz en un mundo acelerado.

La protección y la defensa del medio ambiente son aspectos que reflejan el compromiso de los wiccanos con el planeta y con las generaciones futuras. La Wicca enseña que la Tierra es sagrada y que cada ser es parte de un ecosistema interdependiente. Al proteger la naturaleza, los wiccanos están honrando su tradición y asegurando que el legado de respeto hacia la vida continúe. Este compromiso se expresa en acciones prácticas, como el respeto por los recursos, la protección de los ecosistemas y la participación en proyectos de conservación. Al actuar en defensa de la Tierra, los wiccanos no solo protegen el legado de su tradición, sino también el bienestar de todas las criaturas y el equilibrio de la vida misma.

El arte, la música y la poesía son expresiones que enriquecen el legado wiccano y que permiten que la tradición se transmita de manera creativa y emocional. Muchos wiccanos crean canciones, poemas y obras de arte que celebran los ciclos de la naturaleza, las deidades y los elementos. Estas expresiones artísticas son una forma de honrar y de preservar la belleza de la Wicca, permitiendo que la tradición llegue a las personas a través de la creatividad y del arte. Al compartir estas creaciones, los wiccanos comunican su amor y su devoción hacia lo sagrado, tocando los corazones de quienes las experimentan y transmitiendo el legado wiccano de una manera única y poderosa.

La adaptación de los rituales y de las prácticas es una manera de mantener el legado wiccano vivo y relevante. Aunque la Wicca tiene una estructura y unas prácticas tradicionales, los practicantes son alentados a adaptar los rituales para que reflejen su propio contexto y sus propias necesidades espirituales. Esta flexibilidad permite que cada generación enriquezca y actualice la práctica, manteniéndola viva y en sintonía con el presente. Los rituales que se adaptan para reflejar los cambios en la sociedad y en el medio ambiente muestran que la Wicca es una tradición en crecimiento, un legado que respeta sus raíces mientras se abre al futuro.

En última instancia, el legado wiccano es una herencia de amor, de respeto y de conexión con el universo. La Wicca nos recuerda que somos parte de un ciclo de vida que abarca a todos los seres, y que la verdadera sabiduría se encuentra en la armonía con uno mismo, con la naturaleza y con lo divino. Al preservar este legado, los wiccanos están transmitiendo una visión del mundo en la que cada ser es sagrado y en la que la vida es una danza de transformación y de renacimiento. Este legado es un regalo que trasciende el tiempo, una fuente de paz y de inspiración para aquellos que buscan su camino espiritual.

Preservar el legado wiccano es un acto de responsabilidad y de gratitud, una promesa de proteger y de honrar la tradición para que continúe floreciendo. Cada practicante es un guardián de este legado, y al vivir de acuerdo con los principios de la Wicca, se convierte en un canal de amor y de sabiduría para el mundo. La Wicca es un recordatorio de que el verdadero poder reside en la conexión y en el respeto hacia todas las formas de vida, y que este legado es una celebración de la belleza, del misterio y de la sagrada unidad de la existencia.

Así, la Wicca se convierte en un legado eterno, un sendero que ilumina y que guía a cada generación hacia el amor y hacia la verdad. Al aceptar este legado, el practicante se une a una comunidad espiritual que abarca el tiempo y el espacio, convirtiéndose en parte de un flujo constante de energía y de conocimiento que nutre al mundo y que honra la esencia sagrada de la vida misma.

Epílogo

Ahora que has recorrido las raíces de esta antigua sabiduría, has llegado al final de una jornada que es, al mismo tiempo, una nueva aurora. Este libro, más que un relato sobre el mundo místico, es una invitación para que el conocimiento conquistado no permanezca solo en palabras, sino que resuene en tu vida, en cada gesto y pensamiento. Así como los ciclos de la naturaleza, la transformación que inspira será continua, moviéndose dentro de ti, resonando en tus acciones y resignificando cada momento. Esta lectura debe ir más allá de la mente; debe resonar en tu corazón, porque es allí donde se da el verdadero encuentro con el misterio.

La Wicca, con sus prácticas y su ética, representa más que un camino espiritual; es una forma de coexistir con respeto y comprensión. A lo largo de estas páginas, cada enseñanza intentó reavivar en ti una conexión con la vida en su forma más pura, invitándote a ver el universo como un reflejo de tu propia existencia. La magia, así entendida, no es un poder externo, sino la expresión del equilibrio que puedes encontrar entre tu ser y el mundo.

A medida que avanzas en la práctica, recuerda que la verdadera sabiduría reside en convertirse en un guardián de la naturaleza y en actuar con humildad. Al final, el mayor poder radica en vivir en paz con el flujo de la vida, en reconocerse como parte de un todo. El conocimiento adquirido a lo largo de estas páginas será útil no como un fin en sí mismo, sino como un guía para que comprendas el impacto de tus acciones y el valor de cada forma de vida a tu alrededor.

La conclusión de esta lectura es un punto de partida. Como las mareas y las estaciones, este aprendizaje es cíclico. La magia real se encuentra en la práctica diaria, en el silencio de cada observación y en el respeto por todo lo que existe. Sigue adelante y permítete vivir en armonía con el misterio eterno de la existencia, sabiendo que cada paso es una continuidad de lo que has aprendido aquí. Que este conocimiento florezca en ti y sea compartido como semillas para un mundo más conectado y en paz.

Que el conocimiento aquí reunido crezca como un jardín dentro de ti, floreciendo en cada pequeño acto, en cada elección consciente, en cada respiración conectada con lo sagrado. A medida que avanzas, recuerda que la magia que has intentado comprender es también la magia que puedes vivir, y que cada enseñanza aquí absorbida solo se completa verdaderamente cuando se pone en práctica. Si este libro te ha ofrecido un vislumbre de una realidad más profunda, entonces tu misión ahora es permitir que esa visión ilumine no solo tu vida, sino también la vida de quienes te rodean.

A través de la ética del respeto, de la armonía con los ciclos y de la reverencia por la naturaleza, la práctica wiccana te invita a ser un ejemplo de lo que significa vivir plenamente. Lejos de ser un dominio de fórmulas o un secreto exclusivo, la Wicca y la brujería se revelan en este libro como una invitación a encontrarse con lo divino que habita en cada ser, en cada piedra, en cada momento. La práctica sagrada que has aprendido te acompaña como una compañera silenciosa, ofreciéndote caminos para transformar tu vida cotidiana en una expresión de lo sagrado y para vivir tu existencia con plenitud y propósito.

Así, al cerrar este libro, no estás dejando atrás un aprendizaje, sino incorporándolo a tu viaje. Considera este epílogo como un recordatorio de que la verdadera magia reside en la forma en que eliges relacionarte con el mundo, con los demás y contigo mismo. Con el corazón abierto y la mente en paz, deja que cada página resuene como un soplo de vida, recordándote que vivir en armonía con el gran misterio es el mayor acto de poder, de sabiduría y de amor.

Que el legado de este conocimiento crezca en tu vida como raíces profundas, ancladas en el respeto por la tierra y por el ciclo eterno que nos rodea. Y que tú, al caminar, lleves contigo la esencia de lo que es ser verdaderamente libre y conectado al misterio que palpita en cada detalle de la existencia. Que así sea.

www.ingramcontent.com/pod-product-compliance
Lightning Source LLC
LaVergne TN
LVHW040047080526
838202LV00045B/3523